Wilhelm Waltemath

Die fränkischen Elemente in der französischen Sprache

Wilhelm Waltemath

Die fränkischen Elemente in der französischen Sprache

ISBN/EAN: 9783337858100

Hergestellt in Europa, USA, Kanada, Australien, Japan

Cover: Foto ©Paul-Georg Meister /pixelio.de

Weitere Bücher finden Sie auf **www.hansebooks.com**

Die

fränkischen Elemente

in der

französischen Sprache.

Von

Dr. Wilhelm Waltemath.

Paderborn und Münster.
Druck und Verlag von Ferdinand Schöningh.
1885.

Dem Andenken

meines teuren Vaters.

283379

Die fränkischen Elemente in der französischen Sprache.

Nachdem die etymologische Forschung schon seit längerer Zeit die verschiedenen Elemente der romanischen Sprachen gesondert und dem germanischen einen beträchtlichen Anteil, besonders an dem französischen Sprachschatze allgemein zuerkannt hat, dürfte der Versuch gemacht werden, die deutschen Bestandteile des Französischen denjenigen germanischen Dialekten zuzuweisen, von denen sie der französischen Sprache zugeführt wurden.

Ins Auge gefafst werden soll hier jedoch nur der allgemein französische Wortschatz, nicht die auf ein bestimmtes Gebiet Frankreichs beschränkten Wörter, noch auch die jungen Entlehnungen aus der deutschen Sprache, also nur die in der Zeit der ersten Berührung der Germanen mit den Romanen in Nordfrankreich in das nordfranzösische Idiom eingeführten deutschen Vokabeln.

Unsere Aufgabe ist eine doppelseitige, wenn auch Zweck der Untersuchung nur der eine ist, Kriterien aufzustellen für Beurteilung der Herkunft der altgermanischen Wörter im nordfranzösischen Sprachschatz. Diese Kriterien liegen nämlich in der Kenntnis des fränkischen Lautzustandes, und dieser ist keineswegs hinreichend bekannt. Er ist deshalb hier erst auf Grund der Quellen, d. h. im Wesentlichen auf Grund der deutschen Eigennamen in lateinischen Dokumenten Frankreichs aus fränkischer Zeit zu erforschen. Dieser Erforschung des fränkischen Lautzustandes, deren Resultate im 2. Teile der Arbeit dargelegt sind, mufste nun aber noch die Sammlung des Eigennamen-Materials vorangehen, da eine Zusammenstellung desselben nicht vorhanden ist, und diese Sammlung ist der Untersuchung unsres Gegenstandes der Übersichtlichkeit wegen zuerst in alphabetischer

Ordnung, dann nach den deutschen Stämmen geordnet, in einem
ersten Teile vorausgeschickt. Den Schluſs des zweiten Teiles
hatte eine Zusammenstellung derjenigen fränkischen Laute zu
bilden, durch die sich das Fränkische von den übrigen deutschen
Dialekten, besonders vom got. und ahd. unterscheidet. An dieser
Stelle waren auch diejenigen französischen Wörter deutscher Abkunft zusammenzustellen, die als nichtfränkisch zu betrachten
sind, weil sie im Widerspruch mit unserer fränkischen Lautlehre
ahd. Lautverhältnisse zeigen. Der dritte Teil der Arbeit hat
dann den Nachweis zu führen, daſs die übrig bleibenden französischen Wörter deutscher Abkunft dem fränkischen Lautstande
entsprechend gestaltet sind. In diesem dritten Teile waren daher
sämtliche nichthochdeutsche Bestandteile der nordfranzösischen
Sprache, soweit sie bekannt, daraufhin zu prüfen, ob sich gegen
ihre Herleitung aus dem Fränkischen von seiten der im zweiten
Teile aufgestellten Fränkischen Lautlehre Bedenken erheben oder
nicht. Im letzten Falle durfte ihre fränkische Herkunft als sehr
wahrscheinlich gelten, und zwar auch dann, wenn wegen gleichen
Lautstandes des Gotischen oder Burgundischen und Fränkischen
Herleitung aus einer dieser germanischen Sprachen gestattet wäre.
Denn ist auch die Möglichkeit zuzugeben, daſs got. und burg.
Elemente aus den südlichen Teilen Frankreichs nach den nördlichen, der Picardie, dem Orleanais u. s. w. gelangt sind, so
würde diese Möglichkeit in der Frage nach der Provenienz französischer Wörter germanischer Abkunft doch nur dann ernstlich
in Betracht gezogen zu werden verdienen, wenn solche Wortzuführung auf Verhältnisse des Verkehrs unter den germanischen
Stämmen in Frankreich oder auf deren politische Stellung zu
einander begründet werden könnte. Die geschichtliche Möglichkeit dieser Wortzuführung aus der got. und burg. Mundart ist
aber aus unsren historischen Quellen nicht erkennbar; was man
von einem Verkehr der Franken, Goten, Burgunder und Alamannen unter einander weiſs, beschränkt sich auf einen nicht
häufigen Briefwechsel zwischen ihren Fürsten. Dazu kommt, daſs
das Verhältnis der Franken zu Goten, Burgundern und Alamannen das von Herren zu Unterworfenen war. Schon Chlodwig
brachte die Gebiete dieser drei Völker in seine Gewalt, so daſs
er ganz Frankreich beherrschte, wenngleich manche Teile, z. B.

Septimanien anfangs nur nominell, da die Goten noch ein Menschenalter hindurch ihr altes Gebiet festzuhalten versuchten. Ferner kommt dazu, daſs der Süden Frankreichs viel stärker romanisiert war als der Norden, daſs die dort ansässigen Germanen nicht so lange an ihrer Sprache festgehalten haben wie die Franken im Norden, daſs sie diesen also Worte ihrer Sprache in gröſserem Umfange nicht zuführen konnten. Die Sprachen der Goten und Burgunder konnten hauptsächlich nur im Süden, in dem Sprachschatze der Provenzalen Spuren hinterlassen. Ein Umstand besonders förderte die Beeinflussung der nordfranzösischen Sprache durch die Sprache der Franken, der nämlich, daſs die letzteren neben ihrer groſsen Vorliebe für das Landleben auch in den Städten sich Wohnsitze erwarben. Gregor von Tours (vgl. J. W. Loebell: *Gregor von Tours und seine Zeit.* Leipzg. 1839 p. 105, Anm. 1.) erwähnt Franken auſser in Tours und Tournay ansässig z. B. in Rouen: Magnus omnes Rhotomagenses cives, et praesertim seniores loci illius Francos, moeror obsedit. Wie Loebell bemerkt, läſst dieser Ausdruck eine nicht unbedeutende Anzahl Franken in Rouen vermuten. Auf fränkische Bevölkerung in Metz und Soissons läſst sich aus Gregor VIII, 21 schlieſsen: ante paucos autem dies mortua propinqua uxoris eius [Childeberti] sine filiis, in basilica urbis Metensis sepulta est cum grandibus ornamentis et multo auro. Factum est autem, ut post dies paucos adesset festivitas beati Remigii, quae in initio mensis Octobris celebratur. Descendentibus autem multis e civitate cum episcopo et praesertim senioribus urbis cum duce, venerunt pueri Bosonis Guntchramni ad Basilicam, in qua mulier erat sepulta. liber IX, 36: Igitur anno quo supra regni sui Childebertus rex morabatur cum conjuge et matre sua intra terminum urbis quam Strataburgum vocant. Tunc viri fortiores, qui in urbe erant Suessionica sive Meldensi, venerunt ad eum dicentes: Da nobis unum de filiis tuis, ut serviamus ei.

Ja selbst in Städten Aquitaniens werden von Gregor Deutsche erwähnt; in Clermont in der Auvergne, lib. IV, 16. p. 211. A:

Habebat (Chramnus) secum virum magnificum et in omni bonitate perspicuum, civem Arvernum, Ascovindum nomine. Dieser Name Ascovind wie auch Chramnus hat fränkischen Klang, und sein Träger kann einer von den Getreuen Chlodwigs gewesen sein, denen er in den eroberten gotischen Distrikten südlich von der Loire Besitzungen verlieh. Denn über diesen Fluſs hinaus folgte Chlodwig nur das Heer, nicht das Volk. Sogar in Convenae, dem heutigen St. Bertrand de Comminges im Departement Ober-Garonne, nicht weit von der spanischen Grenze wird von Gregor VII, 37 ein Deutscher mit dem fränkischen Namen Chariulfus ansässig erwähnt: erat cum Gundovaldo et Chariulfus, valde dives ac praepotens, cuius apothecis ac promtuariis urbs valde referta erat. Einen gewissen Wiliulf erwähnt Gregor IX, 13 als civis Pictavus.

Die germanischen Eigennamen im nordfranzösischen Sprachgebiet sind ebenso ein entscheidender Beweis für die Einwirkung der fränkischen Sprache auf das romanische Idiom Nordgalliens; „denn, um mit F. **Bluhme**: die gens Langobardorum und ihre Herkunft. Bonn 1874. s. 45 zu reden, im allgemeinen wird jedermann an dem ererbten Familien-Namen, wie an seiner Hausmarke mit Zähigkeit festhalten, selbst dann noch, wenn er seine Schrift und Geschäftssprache längst gewechselt hat; mit der Änderung seines Namens wird er ein Stück seines eignen Seins aufzuopfern glauben . . ." Die Umbildungen dieser [Eigen]namen bilden ein sicheres Symptom des entschiedenen Übergewichts, welches allmählich fremde Sprache und fremde Sitte über den angestammten Volksgeist gewonnen hat;" — die Romanen Nordgalliens konnten daher nur durch den von den fränkischen Siegern ausgeübten Druck bewogen, in die Lage kommen, deutsche Eigennamen anzunehmen.

Den Eigennamen unsrer fränkischen Quellen stellen wir im ersten Teile die nordfranzösischen Entwicklungen daraus zur Seite. Sind diese Entwicklungen im Einklang mit den Tatsachen der allgemeinen französischen Sprachentwicklung, so wird man ihre Grundlagen für fränkisch halten müssen. Stehen nun aber die französischen Appellativa germanischer Abkunft auf der nämlichen Lautstufe wie die französischen Eigennamen germanischer Abkunft, so hat man ein unbedingtes Recht, für die ersten dieselbe Provenienz in Anspruch zu nehmen. In wie weit dies der Fall, dies nachzuweisen, ist das eigentliche Ziel der nachfolgenden Untersuchung.

Eigentliche fränkische Sprachdenkmäler bis zum IX. Jh. fehlen bekanntlich ganz; allein ein reiches Material wenigstens fränkischer Eigennamen liegt in Originalurkunden, sowie auf Münzen und Inschriften vor, und einige wenige alte Appellativ-Formen, die für die frk. Lautlehre bis jetzt noch nicht nutzbar gemacht wurden, sind ebenfalls vorhanden.

Fränkische Namen und Appellativa sind aufserdem bei Gregor von Tours und in der Lex Salica anzutreffen; da ersterer in kritischer Ausgabe noch nicht vorliegt,[1]) die ältesten Hss. der L. Sal. nicht über das VIII. Jh. zurückreichen, da aufserdem die deutschen Wörter in den malbergischen Glossen durch die roman. Abschreiber arg entstellt zu sein scheinen, und da ferner der Ort, wo die Hss. der L. Sal. geschrieben sind, mithin, wie getreu die german. Wörter in jenen Hss. überliefert sind, unbekannt ist, so durften sie für unsre Zwecke nicht auch herangezogen werden. Wir mufsten uns vielmehr auf sicher aus Frankreich und aus dem V.—IX. Jh. stammende Hss. beschränken; solcher Art sind:

1. **Jules Tardif**: Monuments historiques, cartons des rois. 528—1789. Paris. 1866. Enthält Urkunden der Merowinger u. Carolinger, meist im Original.²)

2. Recueil général des formules usitées dans l'empire des Francs du Ve au Xe siècle par **Eugène de Rozière**. 3 Teile. 1. Aufl. Paris. (Durand, Pedone-Lauriel, et Ernest Thorin). Première partie 1859. Deuxième partie 1859. Troisième 1871.

3. Inscriptions chrétiennes de la Gaule antérieures au VIIIe siècle, réunies et annotées par **Edmond le Blant**. Paris 1856.

---

¹) Inzwischen ist die neue Ausg. v. **Arndt** in d. Mon. germ. hist. erschienen. Da Verf. dieselbe nicht zu Händen bekommen konnte, wurde auch s. 7 nach der alten Baseler Ausgabe citiert. (M. Flaccius Illyr. Basileae 1568.)

²) In dem auf diese Quellen sich stützenden Namenverzeichnis weist die einfache Angabe der Jahreszahl hinter dem Namen auf J. Tardif als Quelle hin. Die Ortsangabe bezieht sich immer auf die Urkunde, der der Eigenname entnommen ist. Zahlen bei Rozière und Le Blant bezeichnen die Seite. Abkürzungen: Roz. = Rozière. Le Bl. = Le Blant. m. = Münzenname. Fö. = Förstemann.

4. Eine Liste merowingischer Münzen, die **Anatole de Barthélemy** veröffentlicht hat in der bibliothèque de l'école des chartes. XLII. 1881. p. 283 ff.[1])

---

[1]) An sonstigen Hilfsmitteln wurden gebraucht:
1. **J. Grimm:** Geschichte d. deutsch. Sprache. 4. Aufl. Leipzg. 1880.
2. **W. Braune:** Zur Kenntnis des fränk. und zur hd. Lautverschiebung. Paul u. Braune. Beitr. I. 1.
3. **R. Heinzel:** Geschichte der niederfränk. Geschäftssprache. Paderborn 1874.
4. **Förstemann:** Altdeutsches Namenbuch. Nordhausen 1854.
5. **F. Stark:** Die Kosenamen der Germanen. Wien 1868.

I. Teil.

Verzeichnis fränkischer Eigennamen aus dem V.—IX. Jh.

A. Alphabetisches Verzeichnis.

Abbo. 693. Abo-leno. *m.* Abo- *zu got.* aba *vir.*
Abt-hadus. 691.
Ac-bertus. 791. -childe. 679. Acchione. 700.
Adal-angus. 794. *St. Germain-des-Prés.*
   -ardus. *Roz.* 354. *fr.* Aalart, Alart.
   -bert. *m. Avranches. Roz.* 398. *fr.* Albert, Aubert.
   -bilde. *Le Bl.* II, 426. Amiens. VII. *Jh.*
   -bilde = -blide. *got.* bleiþs *gütig.*
   -burgis. *Roz.* 281. -gher. 794. *St. Germ. des-Prés.*
   -gude. 703. *Quiersi.* -hard. 766.
   -ric. 694. 697. *afr.* Alori. *(Enf. Ogier.)*
   -trude. 697. -ungus. 777. Heristal.
*   -bodus. *afr.* Auboeuf.
Atal-rat. 769. -vuara. 770. *ahd.* wâra.
Adelane. 797. *Bruyères.*
Adel-aldus. 797.
Adel-bertus. *m.* -en. *m.* = -win. -ramnus. 775.
   -marus. *m.* Adele-marus. *m. Tours.*
   -perga. 788. *Aus einem Briefe des Papstes Hadrian.*
Adar-ulfus 777. Ader-ald. 775.
Addo-len. *m. im 1. Gliede der Stamm* *hadu.
Add-uno. 658.

†Ade-mundus. *Le Bl.* I, 445. *Inschrift eines mit zahlreichen Namen von Wallfahrern bedeckten Steinaltars in Languedoc.*¹)
 afr. Aïmes, Haïmmes, Aïmon.
Ade-ric. *m.*
Adr-aldus. 791. *m.* Adre-bert. *m.* -berth. 694. 696.
Ad-oaldus. *m.* Ado-mar. *afr.* Aïmer- **Hadi-merus.*
Adus. *m.*
Aect-herius. 653. *Die Echtheit dieser Urkunde mufs bezweifelt werden. s.* Athildus. *Fö. stellt* Aect- *zu nord.* akta;· *ahd.* ahtôn.
Agem-bert. 769. Age-rad. 696. *zu got.* *-agjan.
Aghili-berth. 678. Aghilus. 692.
Agil-mundus. 794. Aggil-pertus. 670.
Agi-bodio. *m.* -lino. *m.*
 -ulfus. *m. afr.* Aiol. *got.* *Agiavulfs. *ahd.* egi.
Agli-berthus. 769. Agio, Agione. 700. Ago. *m.*
Ago-bardo. *m.* -lenus. *m.*
 -mares. *m. fr.* Aimard = *Agimar, Aimar.*
Agne-childe. 700. -rico. 697.
Agni-chisilo. *m.* Agri-gisilo. *m.*
Aigan-ario. *m.* Aiga-theo. 703. *Quiersi.*
Aigi-mundo. *m.* Aig-oald. *m.*
Aig-ulf. 632. 653. 670. *m.*
Aigo-bert. *m.* Aeigo-bert. *m.*
Aygli-berth. 696.
Aege-fred. 769. Aegen-fred. 769.
Aego-mund. *m.* Aeg-oald. *m.* Aeg-ulf. m.
Aim-bertus. *Roz.* 281. *afr.* Ambert. Vgl. Rambaut-*Raimbalth.*
†Ain-ilde. *Le Bl.* I, 444. *Wallf. Alt. in Langued.*
Aire-fredus. 797. = *Haire-* = *Hari-.*
Airi-gunso. *m. Sugelione.*
Air-mannus. *Roz.* 281. *fr.* Armand.
 -oeno. *m.* -*oen* = -*win.* -ulfo. *m.*
Aer-bertus. 769. *Aer-* = *Air-* = *Haire-* = *Hari-.*

---

¹) Die mit † versehenen Namen sind aus dem Süden Frankreichs; die meisten derselben daher wohl nicht fränkisch.

Ala-chario. *m. Meaux.* -fredos. *m.*
-e-bodes. *m. afr.* Elbeuf. *masc.* *Alebodo.
-mundus. *m.* Al-berga. 787. *afr.* Alelme, Aliaume- **Athelmo.*
Alla-mundo. *m.* Alli-gisels. *m. Angers.*
Allo, Alloni. *m. Angers.*
Allo-ves. *m. -ves = -veus.*
Alche-mundus. *m. Arras.*
Alec-trude, Alic-trudis. 797.
Alb-oinus. *Roz.* 281. *fr.* Auboin.
-ricus. 766. *fr.* Aubri, Alberi, Auberon.
-uid. 797. *Bruyères.*
Alde-garius. 769. *afr.* Audigier *(Aiol.)* Augier-*Aldgari. fr.* Audiffret-**Aldifredus. afr.* Eldré *(Aiol.)*-**Ald- Aeld-radus.*
Alde-gilda. 797. -giselo. *m. St. Martin-de-Tours.*
-ricus. *m. Uzès.* Aldo-. *m. afr.* Aurri. *(Gaydon.)*
Aldi-chisilo. *m.* Aldinga. 797.
Ald-oald, -oaldus. *m.* -vuone. *m.* Aldovuon. 658. *fr.* Audebert-
Aldebert.* Audebrand-Aldebrand.* Audefroy-**Aldefried.*
Amal-bercthus 653. 694. -gari. 674.
-ricus. 694. *afr.* Amauri. *(Aiol.)*
Amel-berga. *Roz.* 282.
Aman-childe. 652. *afr.* Amangier-**Amangari.*
afr. Amanfrois-**Amanfridus.*
Amingus. *Roz.* 63. Ana-fredus. 797.
And-oald. *m. Marsal.*
Ande-fred. 797. Ando-len. 691. } *ahd.* anto *zelus.*
Anadligil. *m. Nevers. corrumpiert aus* Anda-gisil.
Antelinus. *m. Sens.* = Antelmus. *afr.* Antelme *(Aiol.)*
Angal-ardus, -fredus. 769.
Angilone. 700. Angil-baldus. 710.
Angli-bercth. 694.
Ango-brand. *m.* Angan-trude. 692.
Ance-bercth. 658. = *Anse-.*
Ans-oald. 691. 694. 696. 766. *m. Marsal.* Ansiau *(Mousk.)*
-oaldo-villare. *Ortsn.* 766. -ulfis-haim. *Ortsn.* 768.
-berto-vicinio. *Ortsn. St. Denis.* 697. 768.
-elm. 775. = *-helm. fr.* Anselme. *(Mousk.)*
Ansa-ric. *m.* Gentiliaco. Anso-berth. 671.

Anse-bercth. 658. 692. 694. Ansbert. (*Mousk.*)
  -dert. m. = -bert. *Vgl.* Derto-lenus.
Ans-oinaus, Ans-oind. m. *Limoges.* = *Ans-win*, *-wind. afr.*
    Anseïs. (*Rol.*) — *Ansevius.*
Arc-fredus. 766. *Ansoaldovillare.* -ulf. m. *Cartiniaco.*
  -am-fredus. 769. got.*aírkns, aírkniþa. afr. Erkenbaut(*Mousk.*),
    Archambaut = *Ercambald.*
Arche-sida. 769.
Arcil-lind. *Le Bl.* I, 366. *Neuvicq bei Jonzac.*
Arghilo. 697.
Ari-baldo, -baldu. m. *Poitiers. Clermont-Ferrand.*
  -bodeo. m. -gis, -gius. m. *Abkürzungen für gisilus.*
  -hardus. 777. -mund. m. *Coraria.*
  -raudo. m. *Clermont-Ferrand.*
  -vald. m. *Reims.* -vindus. m. *Balatonno.*
Aris-ulf. 697. Aru-geris. 769.
Ar-ailfus. m. *Le Velay.* -aulfus. m. *Le Velay.* = *-ulfus.*
  -mannus. *Roz.* 812. *fr.* Armand. *-vald. m. *Vienne.*
  -ulf. 688.
Ara-charius. *Le Bl.* I, 505. *ahd.* aro *adler.* -gasti. m.
Aro-berte. m. *Dinant.*
Armi-chigilus. m. Arne-bercth. 653. -bode. m. *Paris.*
Arno-bert. m. *Poitiers.* Arn-oald. m. *Paris. fr.* Arnauld, Arnalt,
    Arnaut. *afr.* Ernalt (*Girb. d. d. M.*)
Arn-ulf. *Roz.* 22. *afr.* Arnoul, Ernoul. (*Mousk.*)
Asinde-berga-ne. 700.
Asca-rico. m *Limoges, Saintes.*
Ascai-laico. m. Aschi-laico. m.
Atto. 787. *in dem Briefe eines Maginari aus Italien an Karl
    d. Gr.*
At-hildus. 653. *im 1. Gliede* *hadu *Kampf. Die Echtheit dieser
    Urkunde vom Jahre 653 zweifelhaft.* cf. Aectheri,
    Aud-erd. Gauciobert.
†Aud-gari. *Le Bl.* I, 435. *Narbonnaise. VI. Jh.* got. aud-ags.
    afr. Ogier.
  -oin. 659. 709. -oen. 652. -en. 788.
  -erdus. 653. -ramn. 694. -oald. m. *Meaux.* -ald. m.
  -aldo-villare. *Ortsn.* 768. *St. Denis.* -ulf. m. *Toul.*

Audo. *m.* Auxerre. *fr.* Otes, Otun. (*Rol.*)
-bercth. 677. *fr.* Obert.
-mara. *Le Bl.* I, 366. *Neuvicq b. Jonzac. VI. Jh. fr.* Omer.
-bode, -bodo. *m.* -len. *m. Poitiers. Troyes.* -lin. *m.*
-mund. *m.* -ran. *m. Poitiers. -ran* = *-ramn.*
-ric. *m.* *Auddo-len. *m. Toulouse.*
-e-bert. 652. -baude. *m. Arras.* -childe. 700.
-gisil. *m. Paris.* -mar. *m.* -ran. *m.* = *-ramn.*
-i-ern. *m. Orléans. -ern* = *-gern, wie -ast für -gast.*
Audro-mar. 697. Aut-bert. 791. -freda. 797.
Aut-hari. *m.* -ulf. *Roz.* 715.
Auge-mare. *m. Le Mans.* -mund. *m.* Augi-ulf. *m. Orléans.*
Aumen-giselus? *m. Latochuncus.*
Aune-mundus. 652. 653. 700.
-giselo. *m. Le Vexin.* -bert. *m. Embrun.*
Aun-ald. *m.* -oald. *m.* -ardus. *m. Angers.* -ulf. *m. Strafsburg.*
Auno-bertus *m. Blois.* Aono-bode. *m.*
Aon-oald. *m.* -ulf. *m.*
Auldo-lin. *m. Rouen. Auldo-* = *Waldo-.*
Aursino. 670. *Aurs-* = *Aus-?* (= *Ausoin.*)
Auso-mund. *m. fr. Osmond, Osmont.*
-e-gunde. 700. Austo. *m.*
Aust-adius. *m. Châlon-s- S. im 2. Gliede* *hadu.
-rodo. *m. Clermont-Ferrand. oder ist* Austr-odo *zu trennen;*
-chrodo *erscheint sonst nur als 1. Glied. —*
Austro-bert. 653. Austr-ulf. *m. Autun.* -oald. *m. Marsal.*
Austrea. *N. des Landes.* 681.
†Austre-gilde. *Le Bl.* II, 316. *Orléans. got.* gild *Steuer; frk.*
*geld.

Badi-ricus. *m. Rennes. fr. Bat-ault-* *Bad-aldus
Badu. *m. Speier.* Bad-ulfus. *m.*
Baldo-merus. 652. Bald-oaldus. 697.
†Bald-ulfus. 777. *Toulouse.*
Balt-erius. *m. Meaux. afr.* Baudri- *Baldric. Baudouin- *Baldowin.
Blat-charius. 709. = *Balt-.*
Balv-oaldus. *m. ahd.* balo, palo. *vgl. gr.* φαῦλος.

Bard-ario. *Le Bl.* I, 337. *zwischen* 500—690.
Basi-gunde-curte. *Ortsn.* 781. *Heristal.*
Basone. 700.
Baudo-chisilo. *m.* baud- *durch Epenthese für* *badu- *oder roman.*
   Auflösung für *bald-.
   -gisilus. *m. Saint-Yrieix.*
   -leno. *m. Saintes.* -merus. 653.
   -mere. 700. -meres. *m. Châl. s. S.*
   -ninia. 700. -ninia = -nivia *od. -winia?*
   -veus. *m. Dijon. fr.* Boemond- *Baudemund.*
Bauda-charius *m.* Baudu-. 700.
   -i-chisilo. *m.* Ligugé. -gilus. *m.* (= -gisil.)
   -gu. *m.* = -gisilu.
   -e-giselus. *m. Châl. s. S.* -chisilo. 697.
   -meres, -mir. *m. Châl. s. S. ein westgot. Name.*
   -gunde. *Le Bl.* I, 511. -ricus. *m.*
   -runa. 700.
Baud-ulfo, -ulfo 700. *m. Autun, Angers.*
   -ardus. *m.* -oaldus. *m. Saulieu.*
Baut-hariu. *m. Aturre.*
Baug-ulfus. 753. *ahd.* bouc.
Bouge-ghildo. *m. Dieuze.* = -childo.
Beninga. 797. *Bruyères.* Beo-fridus. *m.*
Bera-chari. 658. 696. Bere-chari. *m.*
† -e-bode. *m. Bordeaux.*
   -gisil. *m. Bayeux.*
   -modus. *m. got.* mods *Zorn.*
   -mundus. *m. Bazas.*
Ber-herus. 766. *fr.* Berart (*Gaydon*). *Ber-hard.
   -oald. 652. 658. *m. Paris. afr.* Berault, Berauld.
   -ulf. *m Avranches.*
   -chari. 689. -cari. 689. = -chari.
Bero. 710. *Montmacq.* Berio. *m.*
Beri-mari-acas. *Ortsn.* 656.
Berne-hardus. 770. *fr.* Bernart. *afr.* Berengier (*Aiol.*)- *Be-
   ringari. nfr.* Béranger. Bernier (*Mousk.*)
   -*Bernhari.*
Bern-ardus. 775. *Düren.*

Bern-ino-curte. *Ortsn.* 799. *Aachen.*
  -uit. 790.
Bertha, Berthanae. *Roz. 4. afr.* Berthe.
Berte. 722.
Berta-chari. *m. fr.* Berthier.
Berti-chramn. *m. Rouen.*
  -gisil. 700.
  -sindis. *Le Bl.* II, 454. *Mainz.* = *Berthi-suinth.*
  -o-valdus. *m. Tallende.*
  -naus. *m.* -varae. 700.
  -winus. *Le Bl.* II, 180. *Lyon.*
Berthe-ramnus. *m. Châl: s. S. afr.* Bertrant (*Gaydon.*) Bertran
  -fredus. 691. Berte-fredus. 652.
Berte-c[h]ari. 653. -chramno. *m. Rouen. got.* *baírhtahrabans.
  -lando. *m. Namur.* -maro. *m. Dinant.*
  -mindo. *m. St. Maurice-* d'*Agaune.* = -mundo.
  -mundu. *m.* -rico. *m.* 700.
Bert-fredus. 769. -inus. 671. 691. 697.
  -inno. *m. Trier.* = -win. *fr.* Bertin.
  -oaldus. 709. *m. Verdun. Paris. Amiens. afr.* Bertauld,
    Bertal, Bertaux, Berteau.
  -oeno *m.* -oino. *m. Mironno.*
  -reda. 799. *ahd.* -râta. -ulfus. *m. Orléans.*
Berth-oara. *Le Bl.* II, 457. *Mainz.*
Bette-vino. *m. Huy. tt* = *rt* (Bertewin.)
Betto. *m. Reims. Soissons.* -linus. 697.
Bitue-gario. *m. Soissons.*
Biulfus. *m. Avallon.*
Blidi-ric. *m. Chartres.* Blide-childe. 700.
  -e-gario. 694. -mundus. 700. *m. Vienne.* -ramno. 677.
Blit-hario-villare. *Ortsn.* 778. *Heristal.*
  -ricus. 794. *St. Germain-des-Prés.*
Blode-rico. *m. Turturonno.*
Bobo-leno. *m. Rennes.*
  -lino. *m. Claio.*
Bobbolo. *m. Agen.*
Bobone. *m. Huy. Dieuze.*
} nach Fö. bekunden diese Namen die alte Existenz unsres nhd. bube. (mhd. 13. Jh.)
Boco-lenus. 690. Bucceleno. 694.

Boct-harius. 695.
Bodo. *m. fr.* Beuve, Leboeuf.
Bodo-levos. 653. *ahd.* leib, leip. *as.* lêf.
    -leno, -lenus. *m. Rennes.*
†   -mere. *m. Toulouse.*
    -gundo. *m.* Bodio. *m. Mouzon.*
Bodis-leiv. *m. s. o.* Bodolevos.
Bon-ulfus. *m. Civit. Ruthenorum?*
Bosone. *m. Maastricht.* Boso. 691. *fr.* Boson.
Boso-leno, -lino. *m. Saliaco.*
Brado. 692.
Brago-banto. 751. Bridi-gisel. *m. Rennes.*
Brit-ulfus. *m. Orléans.*
Budu-lenus. *m. Metz.*

Daga-ric. 700.
    -o-bercthus 628. 692. -berctus. 631.
    -bertus. 652. 710. *m.* -berthus. *m. Arles. Viviers.*
    -mares. *m. Le Puy.* Dagumares. *m. Albice.*
    -vertus. 749. *in e. Schreiben des Papstes Zacharias an Pipin.*
Dag-ulfus. *m. Donicia vico.*
Daco-ber. *m. Verdun?* = Dacobert.
    -valdus. *m.* Dac-oaldo. *m. Locosanto.*
Dao-berctho. 652. *In diesem wie in den 5 folgenden Namen das g in dag- ausgefallen:*
    -valdo, -valdus. *m.*
Dai-gisilo. 700. -mundo. *m. Brica vico.*
Da-ulfo. *m. Limoges.* -baudes. *m. Ocainoco.*
Daccho. *m.* Austa. *Koseform für* Dagobert.
Dacho-maro, *m. Pertas.* = Dago-.
Dado. *m. Briotreite vico.* 632. 691. 750.
    -leno. *m. Corma.* Daddo-leno. *m. Pauliaco.*
Dalfinus. 710. Darco-leno. *m. Gaciaco.*
Deda. 710. *vgl.* Isindedus.
Deoro-valdus. 700. *as.* diuri *teuer.* -vare. 700.
    -erius. *m. Civit. Ruthenorum?*
Deorr-igilo, Deori-gisilo. *m. Patigaso.*

Derto-lenus. *m. Musiciaco.* = Berto-lenus.
Dodo. 625. *m. Châl. s. S. fr.* Doon.
Dodone. *m. Rouen.* Doddo. *m. afr..* Doolin. -*Dodolin.
Dommo-runa. 700.
Domo-lenus, -lino. *m. Mauriaco. Wyk-bij Duurstede.*
  -lo. *m. Novovico.*
  -ulfo, -ulfus. *m. Châlon- s. S.*
Doma-ricus. *m. Maastricht. Yverdun.*
  -e-ricus. *m. Yverdun,* -ciselo. *m.*
  -ardo. *m. Sanonno.*
Domno-lenus, -linu. *m.* -lenius. *m.*
  -a-charus. *m. Ambacia vic.*
  -e-chillo. *m. Billiomu.* = Domnegisilo.
  -i-gisilo. *m. Tours.*
  -iisilus. *m. Sesia.* -i-iisilus = -i-gisilus.
  -o-berto. *m. Kenone.*
  -lo, -lus. *m. Châlon-s. S.*
Domn-ario. *m Ambaciaco vic.*
Dopo-lenus. *m. Caresinisi.*
Doso-lino. *m. Orléans.* = Boso-. *s.* Anse-dert *und* Dertolen.
Drogus. 697.   } *got.* driugan *militari. afr.* Drau-
Drogo. 753. Drogone. 697. } ges, Draugon. (*Gir. de Ross.*)
†Drocte-bertus. *m. Lyon. got.* gadraúhts. *ahd.* truhtîn.
Drocte-bado. *m. Izernore.* = -baldo.
  -balus. *m. Izernore.* = -baldus.
  -gisilus. *m. Etampes.* Droct-oaldus. 678.
Dructo-marus; Dructe-gisilus. *m. Etampes.*
Druct-oaldus. 679. *m. Toul.*
Druc-berto. *m. saiga.* -Druct-.
Drut-oaldus. 632. = Druht-.
Drort-oaldus. *m. Langres.* = Droct-.
Dun-berto. *m. Jublains.*

Ebar-cis. 696. = -gislus.
Ebire-gisilo. *m.*
Ebor-ino. *m. monnayer de Clovis III. afr.* Evruin. *afr.* Evrart-
  *Eburhard.

Ebri-gisilus. *m. Orléans.* -charius. *m. Le Mans.*
  -e-gisilo, -gisiro. *m. Rennes. St. Denis.*
† -o-mare. *m. Toulouse.*
Ebr-ulfus. *m.* 640. 651. 692. *afr.* Evrol, Evroul (*Mousk.*)
  -oaldus. 751. *m. Castra vico.*
  -oinus. 653. Aebr-oino. 688.
Evre-m [undus] 790. (*in d. Testamente eines Bischofs Fulrad*)
    afr. Evremond.
Echa-rigo. 671. *got.* *aíhva- *Pferd. vgl. lat.* equus.
†Edo-trude. *Le Bl.* I, 443. *Wallf.-Alt. i. Lang.*
Egre-baldus. *Le Bl.* II, 427. *Amiens.*
Ein-hardus. *Roz.* 105.
†El-burca. *Le Bl.* I, 446. *Wallf.-Altar i. Langued.*
†Elde-berti. Rex. *m.* -certi. *m. Javouls.* == Childebert.
†   -verta. *Le Bl.* I, 446. ⎫
†   -mares. *Le Bl.* I, 447. ⎬ *Wallf.-Alt. i. Langued.*
†Elmus. *Le Bl.* I, 446. ⎭
Ercham-bertus. *Roz.* 343. *aírkna- *genuinus.*
    -im-gisolo. *m.*
    -en rigo. 671. -[en-oal]do. 659. *Rouen.*
Ercam-berta. 681. Ercan-baldus. 790. *afr.* Archimbault. e *vor* r
    zu a. *vgl.* per *in* pardon.
Ercon-oaldus. 692. Erd-ouldus. *m.* == -oaldus.
Eri-garius. 811. == Hari-; -cisilus. *m. Amboise.*
Er-garius. *Roz.* 282.
Erle-bertus. 777. *Heristal.* ags. eorl.
Erl-oinus. *m. St. Martin-de-Tours.*
Erma-charius. *m.* Ermo-berto. *m. Poitiers.*
  -e-charius. 694. -lenus. 658. -linus. 658.
Erme-d-ramno. 697. 716. Erme-t-rannus. 716. == -ramnus.
Erm-freda. 797. -aldo. *m. Bellomo.* Ermina. 797.
Ermin-thrudia. 700. -thrude. 700.
†Ermen. *Le Bl.* I, 445. *Wallf.-Alt i. Langued.*
Ermen-ricus. 653. 694. *Roz.* 540. -rigo. 670.
    -aldus. 775. -oldus. 791. oaldus 692. *afr.* Armengaud.
Ermen-ardus. 791. -garda. 777. *afr.* Ermengard.
    -arius. 797. -frid. 692. *afr.* Hermenfroi (*Mousk.*)
    -lindis. 777. -teus. 694. 769. -theo. 697.

Ermene-thrude. 700. Ermnus. 791. *der Mittelvokal ausgestoßen.*
Erne-berto. *m. Rouen. afr.* Eremborc- **Erim-burg.*
Ern-oaldus. *m. Solonaco vico.*
Ero-trude. *Le Bl.* II, 284. *St. Germ. des-Prés.*
Eude-lenus. *m. Metz.* }
† -o-linus. *m. Lyon.* } **eude- = *iuþa-. an.* iod *proles.*
Eud-ast. *m. Novovico.* }
Eu-mundo. 700. = Eud-. *fr.* Edmond.
Eodo-mundo. *m.* Eod-ulfo. *m. Montiniaco.*

Fain-ulfo. *m. Scarponne.* got. *fagins. *ags.* fægen *heiter.*
Falco. *m. Briva. afr.* Fauque, Faucon.
Fant-oaldo. *m. Poitiers.* ahd. fendo. mhd. vende *Knabe, Krieger.*
Fard-ulfus. 797. Fara. 766. *Ansoaldovillare.*
Faro Burgundo. (Burgundofaro.) 628. *vgl.* Paul. Diaconus II. 9: *Langobardorum faras. i. e. generationes vel lineas.*
Far-oino. 681. Fast-rada. *Roz.* 64. ahd. festi *firmus.*
Feda. 700. = Freda? Fed-ardo. *m. Ambernac.* = Fred-?
Fedo-lenus. *m. Le Mans.* = Fredo-?
Flade-bertus. 691. got. *flêþs *Glanz.*
† -bertus. *Le Bl.* I, 443. *Wallf.-Altar i. Langued.*
Flani-gisilus. *m.* Flane-gisilus. *m.*
-ulfus. *m. Novovico.* Fla-ulfo, -ulfus. *m.* = Flan-.
Flod-oaldo. 769. *m. vgl.* Wackernagel. *Z. f. d. A.* 2, 556: = Chlod-oald. *afr.* Flodoart- **Flodo-ard; afr.* Flobert (Larcheys *dict. des noms.*)-**Flod-bert.*
Flot-harius. *Le Bl.* II, 319. *Orléans.* 576. = Hlot-.
Fragi-ulfus. *m. Verdun.* Fragiu-leno. *m.*
Frame-ricus. 797. *Bruyères.* } Fö. *vgl. das taciteische framea.*
-leno. *m. Brioude.* }
† -i-gillus. *m. Toulouse.* = -gisilus. }
Franco, Francio. *m. Rennes. fr.* Franc.
Franciae. 757. *Compiègne. fr.* France.
Franco-bodus. *m. Ambacia vico.* Francau-. *m.*
-leno, -linus. *m. Vidua.*
-no-vurd. *Roz.* 64. Francore-curte. 691.
† Franc-ulfus. *m. Cahors.* Frau-ardo. *m.*
Fredo-mundo. *m. fr.* Frémont. -leo. *m.* = -leno.

Fredo-vald. *m. Condapense.* Frede-valdus. *m.*
   -e-mundo. *m. Bellofaeto.* -gisus. *Roz.* 32.
      -gunde. *Le Bl.* II, 268. *St. Denis. afr.* Frésonde-*Fredisgunde?
Frede-rico. *m. Poitiers. fr.* Ferry.
Freodo-leno. *m Rieodunin.* = Fredo-.
† Fred-oaldo. *m. Toulouse.* -ulfus. *m. Bourges.*
Fredis-haim. *Ortsn.* 777. *Heristal.*
Fridi-rico. *m. Novovico.* Fride-gisel. *m. Ebora vicus.*
   -e-ricus. *m.* -rius. *m.* = -ricus.
Fri-ulfus. 716. *Compiègne.* = Frid-.
† Frodo-mundus. *Le Bl.* II, 181. *Lyon fr.* Fromond. ⎫
   -e-bertus. *Roz.* 1140. -lino. *m. Vendogilo.*   ⎬ *as. fröd.*
Frot-hario. 670. *t entstand unter d. Einfl. des h.* ⎭ *weise,alt.*
Frum-oaldo. 697.
Fulc-oaldus. *m. Melun. frk.* *fulc. *ahd.* folc. *afr.* Folque, Foulques-*Fulco.* Foucart·*Fulchardus.* Fouchier-*Fulchari.*
Ful-radus. 750. *got.* fulls. *afr.* Fourré (*Mousk.*)
Fol-radus. 753.   ⎫
Folle-radus. 755. ⎬ *durch das roman. Lautgesetz des Überganges von ŭ zu o influenziert.*
Fol-ratus. 775.   ⎭

Gadr-oaldus. 670.
Gaele-t-ramnus. 671. Gael-t-ramno. 680. *ahd.* geil *elatus.*
Gaere-chramno. 653. -bertus. 766. *fr.* Gerbert, Girbert.
Gaer-inus. 653. 697. *afr.* Gerins. (*Rol.*)
   -hardus. 790. *fr.* Gerard, Girart. Gerier. (*Rol.*)-*Gaerhari.
Gaire-chramno. *m.* -fredus. 753. -hardus. 753.
Gair-fridus. 769. -inus. 710. *Montmacq.*
Gaido. *m. Speier. afr.* Gaidefer?
Gailo. *m. ahd.* geil. *afr.* Galerant (*Mousk.*)-*Gailramnus. afr.*
   Gallerant (*Girb. d. M.*)
Gaiso. *m. Speier.* Gag-oaldo. *m. Tidiricia.*
Gagan-rico. 631. Gangne-rico. 632.
Gaman-ulfus. 766. *ahd.* gaman *gaudium.*
Gam-ardus. 770. *afr.* Gamars.
   -one. 703. *Quiersi.* Ganct-ulfus. 653.
Gand-ulfus. *m. Iviaco. an.* gandr *Werwolf.*
Gari-valdus. *m Tallende.*

Gari-dertue. *m Reims.* = -bertue.
† -fedus. *Le Bl.* I, 435. *Narbonnaise. VI, Jh.*
-mundus. 700. Gari-l-ulf. 700. *afr.* Gerlol (*Mousk.*)
Garo. *m.* Gar-oaldus. *m. Marsal.*
Gau-fridus. *Ros.* 281. *in Gau-rom. auflsg des* l *in u. pr.* Galfré. *afr.* Joufroy, Geofroy. *afr.* Gaubert (*Gaydon*) Jaubert-
*Galbert.
-naldus. 652. = -waldus. *vgl.* Baudoninia.
-trude. 797. Geldo-mund. *m. Tremolo. got.* gild *Steuer. frk.*
*geld.
Genno. *m. Vendôme.* Genno-baudi. *m. Nigroloto.*
Genno-vius. *m. Devenetus.* Geno-baudi. *m. Crisciaco.*
Geno-berto. *m. Poitiers.* Genegiselo. *m. Fursac.*
Genn-astes, -astis. *m. Brioux.* -ardus. *m. Besançon.*
Gen-ardo. *m. Fursac.* -oaldo. *m.*
Ghinna-chario. 692.
Ger-oldus. *Ros.* 281. Gir-. 791.
Ghaer-ardus. 775. *fr.* Guerard. Gerbod -**Gerbaud.* Geriaumer
(*Huon. s. 92.*) -**Gerhelm.*
Ghib-oino. 694. *afr.* Gibuins, Gebuin (*Rol.*)
Gibi-ricus. *m. Toul.* Gibe-thrude. 700.
Gib-ulfo. 700. Gibouars (*Huon. s. 74.*) -**Gibihardus.*
Ghos-mari. *Ortsn.* 768. *afr.* Jocerans (*Rol.*) = **Gauce-ramnus.*
pr. Gausmar.
Ghisco-berthus. 670. Ghisle-marus. 670. 688. 693.
Ghysle-marus. 703. *afr.* Gillemars (*Mousk.*)
Ghysela. 799. Ghysila. 799. Giselo. *m. Toul.*
Gisel-eno *m. Verdun. afr.* Ghilain (*Mousk*)
Gisli-mundo. *m.* Gisle-harius. 753. Gisla-marus. 777.
†Gisl-ardus. *Le Bl.* I, 444. *Wallf.-Alt. i. Lang.*
-oaldus. *m. Marsal. afr.* Gillebert-**Gislebert.*
Giulfia. 797. Gludu-wicus. *Ros.* 174. (G = Ch.)
Goco-laico *oder* Gogo-laico? *m. Poitiers.* Gog- = Hug-. *vgl.*
ags. Hyge-lâc.
Godo-bode. *m.* -frid. *m. Maastricht. fr.* Godefroi.
-uinus. 769. Gode-bertus. 791. Gobiert (*Mousk.*)
Gode-ricus. 700. *afr.* Gorry. *fr.* Goutard, Jouard-**Godhard. fr.*
fr. Jouaud-**Godwald.*

God-inus. 669. 689.
Goddo. 657. Godd-ramnus. 787.
Gudu-mund. *m. Meaux.* Golo. *Le Bl.* I, 443.
Gomino. *m. Albigiinse.*
Gome-giselo. *m. Vindigco. fr.* Gommerat-*Gomerad.*
Gondo-bode. *m. Anauliaco. afr.* Gondebaut (*Mousk.*) u. Gonbaut
    (*Aiol.*)-*Gundobalth.*
    -lenos. *m. Espaniaco.*
    -e-radus. *m. Mains.* Gond-oenus. 632.
Grat-ulfo. *m. Jusciaco. an.* gradr *aviditas. got.* grêdags. *ahd.*
    ·grâtag *avidus.*
Graud-ulfo. *m. Briuuiri.* = Grad-.
Gribone. 692. *Lysarches.* Gripho. 696.
Grimone. 696. Grim-oaldo. 697. 710.
Grim-oldus. 775. -aldus. 787. *afr.* Grimaud, Grimaux.
    -berctho. 710. -bertus. *m. afr.* Grimbert. *afr.* Grimoin-
    Grimwin. Grimon-*Grim-mund.* Grimard-*Grimhard.*
Grim-ul-fridus 770. Gundilane. 700.
Gundi-leubane. 700.
Gundi-ricus, Gunni-rico. *m. Corma.*
Gundo-berto. 653. *m. Corma.* Gombert (*Gayd.*)
    -bodes. *m. Tidiriciaco. afr.* Gondelbuet (*Mousk.*) *und*
    Gendelbue, Gondebeuf.
    -fredo. 700. -fridus. *m. Doracas.*
†   -maro. *m. Vienne.* -mere. *m. Missiaco.*
    -vald. *m. Medianoc. afr.* Gontaut.
    -e-baudos. *m. Izeure.* -ber. *m. Huy.*
    -rico. 700. *m. Chartres.* -fred. 700.
Gund-acer. 777. (-*wakar.*) -oen. 670.
    -enus. *m. Sefiniaco.*
    -nino. 694. *afr.* Gonnil (*Mousk.*)-*Gundhild.*
Gunta-chario. 700. Gontier (*Aiol.*)
    -chram *m. Sens. nfr.* Gontran.
Gunt-ardus. 769. Gontard (*Aiol.*) Gonnard.
    -rigo. 671. Gunthi-vera. 700.
Gualde-radus. 653. Guich-ingo. 751.
†Guill-[elmus]. *L. Bl.* I, 435. *Narbonnaise. VI. Jh.*

Cens-ulfus. *m. Tidiriciaco.*
Cins-ulfo. *m. Mefrovilla.*
Cha-oaldus. 653. = Chad-.
Chadol-oaldus. 658. Chad-une. 677.
Chad-enus. *m. Camiliaco.*
   -uino. 693. -oaldo. *m. Bona.*
   -oauldus. *m. Rennes.*
Chado-mari. *m. Tours.*
Chade-mundus. *m.* Chaduove. *m.*
Chaddove. *m. Alise-Sainte-Reine.*
Chad-ulfo. 700. *m. Brioux.*
Chagli-berct. 658. -berctio. 658.
Chago-bardo. *m. Daria.*
Chagno. 688. *afr.* Hagenon (*Aiol.*)
Chagno-maris. *m. Maastricht.*
   -e-rico. 693. 750.
Chagn-oaldo. *m. Rouen.*
   -oaldus. *Le Bl.* I, 355. *Vendée.* 470.
Chaeno. 688. Chaino. 677. 692. = *Hagino.
Chaibedo. 653. Chaide-runa. 770. *got.* haidus.
Chaid-ulfo. *m. Brioux. s. o.* Chad-ulf.
Chalde-d-ramno. 694.
Chaldo. 653. Chalet-ric. 573. *Le Bl.* II, 304. *altmhd.* helit.
Chardo. *m. Venetus.* Charderico. 677. 681. 696. *afr.* Hardri.
Chardoino. 692. *afr.* Harduin. (*Girb. d. M.*) Hardré-*Hardrad.
Chaire-bald. 750. *afr.* Herbaut. (*Mousk.*)
Chari-aldus. *m. Tenganes. afr.* Herault.
   -bertus. Rex. *m. Bannassac. afr.* Herbert (*Mousk.*)
   -chardo. 670. -frid. *m. Antonnaco. afr.* Herfroi.
   -gis. *m. Ticinaco. afr.* Hervis. (*Girb. d. M.*) oder aus
   *Hervius.
   -gillo. *m. Noviomo.* -mund. 631. 669. *m. Geniliaco.*
   -ulfus. 631. -valdo. *m. Darta.*
Char-fredus. 770. -oaldo. *m. Daria. afr.* Harald, Heroult (*Mousk.*)
Chare-caucius. *m.* Chedel-marus. 703.
Chel-aldo, Chel-oaldo. *m. Rouen.* = Cheld-, Child-.
Chil-berti. *m. Toroni.* = Child-. Childo-len. *m. Bayeux.*
Childo-bertus. 751. Childe-bercth. 696. 716. -bert. 528. 558. 695. 769.

Child-e-berthus. 696. -brando. 670. -giselo. 700. -gunthe. 700.
   -ricus. 710. afr. Heudri (*Berte au gr. p.*) -runa. 700.
   -rima-ne. 700. vgl. Rimoald.
   -i-ernus. m. = -gern.
† Child-ricus. Rex. m. *Marseille.*
   -rici-aecas, -rici-agas. 709. *Ortsn.* [-aquas.]
   -elnus. m. *Le Mans.* = -lenus oder -elmus?
   -ulfo-villa. 691. *Ortsn.*
Chill-ardus. 716. *Compiègne.* = Child-.
Chilpe-richus. 716. Chilp-ricus. 716.
Chiscolus. m. *St. Jean-de-Maurienne.* = Giscolus. *In Namen erscheint oft für gislus-gisclus.*
Chioberga. 700. Chivin-ulfus. m. *Tulbiaco.*
Chlodo-vius. 640. 658. 691. 692. 694. 716. m. *Orléans.* afr. Cloevi. (*Gaydon. s. 78.*) Loëis, Louis.
   -veus. Rex. m. *Paris. Le Bl.* I, 378.
   -vechus. *St. Denis.* 580. *Le Bl.* II, 268. -ouig. *Le Bl.* II, 215.
   -bertus. *Le Bl.* II, 439. *Soissons.* 580. -charius. 716.
   -meres. m. *Orléans. Le Bl.* II, 319.
Chlod-oicus. 799. *Aachen. Hier ist also das Misverständnis des Namens, als ob im 2. Gliede* -wig *vorhanden wäre, schon eingetreten.*
   -oinus. 692. -oaldus. *Le Bl.* II, 300. *St. Cloud. fr.* Cloud.
   -ulfus. 766. fr. Clotilde-**Chlot-hilda.* (*Im fr. modern. n.*)
Chlot-arius. Rex. m. *Arles. Châl. s. S.* 658.
   -harius. *Le Bl.* I, 366. afr. Lohier. (*Aiol. Mousk.*)
Chlotha-charius. Rex. m. *Embrun.*
   -o-vius. m. Chrado-berctus. 653. = **rêþa-bairhts.*
Chramne-trude. 690. Chramn-ino. 670.
Chram-linus. 677. -lenus. 697.
Chrodo-bando. 671. afr. Robant. -berctho. 658. 678. 694.
   -bertu. m. *Maastricht.* fr. Robert. -childe. 688.
   -ladus. m. *Vendeuvre.* = -landus.
   -leno. 628. -marus. 691. afr. Robaut-**Chrodobald.*
   -i-gisilus. m. *Anderpus.* Chrode-berto. m. *Maastricht.*
   -e-bercthus. 716. -carius. 671. = -gari. afr. Rogier (*Mousk.*)
   -gar. 627. [Chro-]de-sinta. 566. = **hrôþa-svinþa.*

Chrod-ard. 764. 777. *Heristal. afr.* Rohart.
-charius. 716. -inus. 657.
-mundo. 693. *afr.* Romond. (*Mousk.*) -ulfo. 700.
Chro-berga. 566. = Chrod-. = *hrôþa-bairga.
Chrot-ardus. 753. -charius. 691. 694. -ildis. 670.
Chude-gisilo. *m. Macediaco.* Chud-bertus. *m. Angers.*
Chugo-berctho. 694. *as.* hugi. *fr.* Hubert.
Chulde-ricus. *m. Metz. afr.* Houdri.
Chuni-bercthus. 691. Chune-berctho. 691. *got.* kuni.
Chylde-ricus. 692.

Hade-lenus. *m. Uzès.*
Hagn-oaldo-villare. *Ortsn.* 777. *Heristal.*
Hagre-bertingas. 779. *Eine Domäne Karls d. Gr.*
Haim-ardus. 777. Hainone. 695. = Haginone.
Hain-ricus. 777. *fr.* Henri.
Hair-radus. 791. Hairo-ast. 794. = Hari-gast.
Halido. *m. Metz. altmhd.* helit.
Halt-bertus. 775. Hans-berta. 681. = Ans-.
Hari-stalium. 777. -stallium. 772. -bertus. 777.
Har-oinus. 766. -oaldus. *m. Dinant.*
-naldus. 775. = Hari-wald. *vgl.* Gau-nald.
Hart-gerus. 777. Haerte-ricus. 775.
Hebro-ulf. 681. Hebroinus. 775.
Helde-bert. Rex. *m.* = Hilde-. Helme-gaudus. 753.
Herchen-radus. 775. *Düren.* *aírkna-γνήσιος.
Herla-fredus. 771. *Worms. ags.* eorl.
Her-man. *Le Bl.* II, 214. *fr.* Hermant. *afr.* Hersent (*Renart.*)-
*Herisuinth, *Herisinth.
Heude-lenus. *m. Metz. s.* Eude-. *afr.* Huelin *oder gehört dieses
zu* Hues-*Hugo?*
Hildo-mar. *m. Vindiciaco.* Hildi-gera. 797. †-ricus. *m: Marseille.*
† -e-bertus. Rex. *m.* -ricus. 753. *m. Marseille.*
-bodus. *m. Petraficta.* -brandus. 791.
-garius. 753. -gaudus. 766. -grimus. 770. -rad. 775.
Hild-oaldus. *m. Clermont-Ferrand.* -radus. 777.
-uin. *Roz.* 1104. -ulfus. *Roz.* 546. *Anf. des IX. Jhs.*

Hilt-bertus. 753. Hilpe-ricus. *Le Bl.* II, 288. *St. Germain-des-Prés.*
Hit-herius. 768. Hit-eri. 772. *an.* hetja *mutiger Mensch.*
Hlode-ric. *Le Bl.* II, 369. *Trier. Anfg. des VII. Jhs.*
Hlot-harius. *Roz.* 177. Hludo-wicus. *Roz.* 5.
Hocio-berctho. 697. Host-laicus. *Roz.* 64. = Ost-.
Hramn-inus. 691. Hrod-pertus. *Roz.* 262.
Hrod-hardus. 790. -mannus. 794. Hrot-bertus. 779.
Hum-fredus. 770. = Un-. *(negierende Part.) afr.* Hunfroi
 (Mousk.) dagegen der Völkername Hûn *in afr.* Hunaut-
 *Húnwald. Humbaut *(Gaydon. s. 289) -*Humbald.*

Ibbo. 695. Idda. 690. Id-ulfus. *m. s.* Hit-heri.
Ildo-mafo. *m. Vindiciaco.* †Ildi-ricus. Rix. *m. Marseille.*
Ilde-bodu. *m. Pino.* -rico. *m. Aunaco.*
†Ili-ricus. Rix. *m. Marseille.* = Hildi-.
Immo. 793. *Kosename zu Irmino.*
Imna-charius. 700. Imne-redo. 700.
 -e-gisil. -gunthe. 700.
Ingo-bertus. 658. 691. 692. *Le Bl.* I, 367. *Neuvicq. VI. Jh.*
 -maro. *m. Poitiers.* Ing-oaldo. *m. Ariintoma.*
Ing-ramno. 694. *afr.* Engerant *(Aiol.) fr.* Engeran, Engrand,
 Enguerrand. (Larchey. *Dict. des noms. Paris.* 1882.)
† -vinus. *Le Bl* I, 435. *Narbonnaise. VI. Jh.*
Ingil-ardus. *Roz.* 551.
 -bertus. *Roz.* 546. *Aus d. Beginn des IX. Jhs. afr.*
 Englebert. *(Mousk.)*
 -frid. *Roz.* 715. Ingel-trudis. *Roz.* 281. *afr.* Engelier *(Rol.)*
 -**Ingelhari.* Engelrans *(Mousk.)* -**Ingil-ramnus.*
†Isarnus. *Le Bl.* I, 444. *Wallf. Altar i. Langued.*
Iso-baudi. *m. Balatonno. ahd.* îs.
Isem-bertus. *Roz.* 281. *ahd.* isan. *fr.* Isembart.
Isin-dedus. 700. *got.* -*dêds. *an.* dâd *robur, virtus. s.* Deda.

Cado-lacus. 777. -laico. 710. *hadu. *got.* laikan.
Cari-bert. *m. saiga.* -frido. *m. Dinant.*
Carolus. *m. St. Jean-de-Maurienne.* Carlus. 753. Karolus. 755.

Caudo-lefius. *m. St. Yrieix.* Clodo-veo. 652.
Clod-oaldus. *m. Meronno.* †Coc-bertus. *Le Bl.* I, 435. = Hugbert.
Clot-arius. Rex. Clot-harius. Rex. *m. Marseille. Viviers.*
†Krout-khild. *Le Bl.* II, 214. *e. Runen-Inschrift.* = Chrod-ohild.
Lando-berctho. 677. Landi-gisilus. *m. Huy.* -lino. *m.*
   -e-bertus. 691. -gisilus. *m. Huy.*
   -maris. 788. -rico. 631. 652. 749. Landry *(Benoit.)*
Land-oaldo. *m. Angers. Metz.* -rico. 694. *afr.* Landoul *(Mousk.)*
   -* *Landulf.*
Lant-fredus. 772. *afr.* Lanfroi.
Launo-bodo. *m.* -mund. *m.*
   -miri. *m. (ein got. n.)* -veos. *m. Trier.*
   -i-gisolo. *m.* Laun-ardus. *m. Angers.*
Laun-ulfus. *m. Neuvicq.* Laum-bertus. 775. *fr.* Lambert-*Lambert. Roz.* 540.
Lau-bodo. m. = Laum-. Leoba-redus. *m. Novovico.*
Leobo-leno. *m.* Leuba-redo-villare. *Ortsn.* 628.
Leubo-leno. *m.* -suintho. 700. -valdus. *m.*
†Leob (Leoba) *Le Bl.* I, 445. *Wallf. Alt. i. Lang.*
Leob-ulfus. *m.* Lobe-gisil. *m. Blois.* = Leobe-.
Luba. 797. = Leuba. Leudi-gisil. *m.*
Leudo-maro. *m. Belciaco.* -valdo. *m. Pauliaco.*
   -e-berto. *m.* -fredo. 700.
   -garius. *Roz.* 513. *zwischen 774—780. afr.* Lethgier; Légier.
Leude-linus. *m. Le Bl.* II, 428. *Amiens.*
   -ricus. *m.* 787.
Leud-eno, -enus. *m. Angers.* †-ino. *m. Vienna.*
   -fridus. 709. -ulfo. 700.
   -ulfus. *m. Avranches.*
Leudio. *m. Toul.* Leudt-bod. 658.
Leuth-fredus. 753.
Leut-ruda. 797. = Leud-truda.
   -hard. *Le Bl.* II, 284. *St. Germ. des-Prés.*
   -herius. 653. *afr.* Lehires. *(Mousk.)*
Leud-esius. 659.

Leodesius. *m. Rouen.* Leodo. *m.* Leodonis (*genet.*) 697.
Leodo-gisilo. *m. Locivelacorum. afr.* Leudisse (*Mousk.*)
 -leno. *m. Medio vico.* -mare. *m. Langeais.*
 -modo. *m.* Uzerche. môds *Zorn;* -nido. *m.; as.* nîd *hass.*
 -mundus. *m. Martiniaco.* -valdo. *m.*
 -e-baudus. 566. -frido. 709.
Leodon-ardo. *m. fr.* Léonard. (*modern. Name.*)
Leon-ardos. *m.* = Leod-ardus. *afr.* Lienars (*Mousk.*)
Leod-ardo. *m.* -eno *oder* Leudino? *m. Ambernac.*
 -oaldo. *m. Clote.*
Leod-fridus. 709. -ulfus. *m.*
†Leot-arius. *Le Bl.* I. 441. *Wallf.-Alt. i. Langued.*
Lede-leno. *m.* = Leode-. Led-aldo. *m.* = Leod-.
Lod-enus. *m. Limoges.* = Leod-. Leod-aste. *m.* = -gaste.
Lhaud-ulfus. *m.* Lh = Hl.
Lid-ulfus. *m. Saintes.* = Lind- *oder* Liud-?
Lif-ardus. *Roz.* 550.
Lindis. *Le Bl.* II, 460. *Ebersheim b. Mainz. Ende d. VI. Jhs.*
Lotha-vius. Rex. *m. Clotaire IV.* = Lotharius.

Mach-oaldus. *m. Autun.* = Mag-oald.
Madal-berta. 797. *got.* maþl *contio. afr.* Maudebert (*Gaydon*).
 -frido. 653.
E-Madol-andus. 691. = Madal-and. *as.* ando *zelus.*
Madel-ando. 659. *St. Quentin. fr.* Moland.
Madel-ino. *m. Duursted. Maastricht.* -ulfo. 692.
Madl-ulfo. 694. 697. *fr.* Mallard -* *Madl-ardus.*
Mado-bodus. *m.*
 -ardus. *m. Anatolo.* Mader-ulfo. *m.* Madr-oaldus. 658.
Magan-harius. 753. -one. *m. Maastricht.*
 -ino-villare. *Ortsn.* 657. Magin-arius. 769.
Magno-bert. *m. saiga.* -valdi, -valdu. *m. Melun.*
 -e-chario. 697.
 -oaldo. 691. -oaldo, -oaldus. *m. Autun.*
 -ulfi, -ulfus. *m. Poitiers.*
Mage-wardus. *Ros.* 281.
Main-arius. 790. = Magin-. *afr.* Mainfroi-**Maginfrid.* Maimbeuf-
 *Maginbodo.

Malle-bodus, Mallo-bodus. *m. frk.* *madal- *mall. *vgl. Malloberg.*
Mall-aste. *m. Bayeux.* -asti. *m. Rezé.*
Manno. *m.* Mannu. *m. Yvoy-Carignan.*
Mani-leobo. *m. Clermont-Ferrand.* -leubo. 700.
†Man-oaldu. *m. Toulouse.*
Manro *oder* Manno? *m. Aus einem unbest. Orte Austrasiens.*
Marco. *m.* -valdo. *m. Amboise.*
   -oaldo. *m. Sens.*
   -ulfo. *m. Autun.* -ulfus. *Ros. 1. fr.* Marcou, Marcoux.
Marca. *Ortsn.* 751. *ahd.* marcha *Grenze.*
Mar-gisilo. *m. got.* -*mêrs. *frk.* *meri, *mari.
Marlinus. *Roz.* 282. *fr.* Merlin-**Merlinus.*
Mari-dao. *m. Mains.* = -dago. -ulfus. *m.*
Mat-fredus. *Ros.* 65. *pr.* Matfré.
Maura-charius. *m. Verdun.* *Mauro-lenus. *m. Bordeaux.*
   -e-giselo. *m. St. Martin-de-Tours.*
Medo-bodus. *m.* -valdus. *m. Amiens.*
   -i-gisilo. 700. Mede-giselo. *m.*
Med-eno. *m.* -ulfo. *m.* -oaldo. *m. Amiens.*
   -ualdus. 690. *fr.* Médart-**Medardus.*
Mege-wardus. *Ros.* 281. Megin-frid. *Roz.* 105. *Aus d. Jahre*
   820.
Meris. *m.* Mer-ulfo. 653.
Mero-baude. *m. Sto. Maxencio. fr.* Marbod, Marbeuf-**Marbodo.*
Mode-ghiselo. 694. -ricus. *m. Penobria.* } *got.* môds *Mut.*
   -radus. *m. Baracillo.*
†Monno. *Le Bl.* I, 444. *Wallf.-Altar in Langued.* = Manno.
Mone-childe. 700. -thrude. 700. *got.* muns *Gedanke, Liebe.*
Mon-ulfus. *Le Bl.* II, 312. *Chartres VI. Jh.*
   -oaldo. *m.* -valdo. *m. Brixis. fr.* Monod. *ahd.* man.
Mucn-oaldus. *m. Autun.* Mucn- = Magn-? *S. oben:* Magn-oald.
   Autun!
Mudilane. 700. Mudus. *m. Innise. In beiden Namen: as.* mund.
Mudu-lenus. *m. Châl. s. S.* = Mundu-.
Mugi-sedus. *m. Marsal.* Mundo. *m. Mogonn.*
Munde-ricus. *m. Sion.* Mund-uadu. *m.* = -badu.
Mummolus. 669. 671. 700. Mummolane. 700 Mummolen. 671.
†Mummo-linus. *m. Bordeaux.* Mumolen. *m.* Mumolin. *m.*

Mune-gisilo. 700. -giselus. 700. Mun-oaldo. *m. got.* muns.
Nauta-harius. *m. Mainz.* -e-c[hil]da. 640. *got.* nanþjan.
Nant-hildis. 652. Nateut (*Mousk.*)
 -k[ildis] *Le Bl.* II, 216. *In Runen; corrumpiert.*
 -lind. 769. -oald. *afr.* Nadault.
Naugo-laico. *m. Le Mans.* Nib-ulfus. 750.
Nit-hado. 753. Niuster. 678.
†Nivi-ardos. *m. Périgueux.* Norde-berctho. 692.
Norde-berthus. 696. 770. *fr.* Norbert, Norbiert. (*Mousk.*)

Obosindus. *m. oder* Jobosindus?
Odiin-berthus. 679. Odol-marus. *Roz.* 548. *ahd.* uodal.
Odel-bertus. 794. †Ode-ramnus. *m. Bordeaux.*
Ode-nandus. *m. Marciliac.* Olf-ardus. *Roz.* 281.
Ost-laicus. *Roz.* 65. Ordo-berthus. 671. Ot-olf. *Roz.* 484.

Pipino. 695. Pippinus. 750. 751.
Plic-trude. 797. *Grimm vermutet im 1. Gliede* blic *fulmen.*

Quid-bertus. *Le Bl.* I, 434. = Wid-bert. *fr.* Guibert.

Racne-th-ramnus. *Le Bl.* II, 225. *Blois.* = Ragin-t-ramn.
Rado. 653. 772. Rado-berto. 653. -uinus. 769.
Rad-berto-villare. *Ortsn.* 777. -oaldo. *m. Granno.*
 -ulfus. 775. *fr.* Raoul. -ulus. *m. Rennes.* = -ulfus.
Raed-ulfo. *m. afr.* Radebot (*Mousk.*) -*Radebaud. *afr.* Raiborc
 (*Aiol.*) -*Ragiburg.
Rageno-bertus. 653. *afr.* Raimbert. Ragum-bernus. *Roz.* 549.
Ragam-berta. 709. -fredus. 797.
 -an-fredus 694. 714. *afr.* Rainfroi (*Mousk.*) -*Ragin-.
Ragno-leno. *m.* Ragne-innus. 671. -maro. *m. Soissons.*
 -i-mario. *m.* Ragn-oaldo. 692. *fr.* Rainaut (*Aiol.*) Regnaud,
 Renaud.
†Ragn-ulfus. *m. Lyon.* -olfo. *m. Latiliaco.*
Rago-leno. *m.* = Ragno-.
Rain-arius. 681. Rainier; Regnier, Renier. (*Auberi. Aiol.*)
† -gardes. *Le Bl.* I, 447. *Wallf.-Alt. i. Langued.*
 -ulfus. *m. Verdun.*
†Regin-hard. *Le Bl.* I, 473. *Narbonne. fr.* Renart.

Regn-ulf. *m. saiga du Puy,* afr. Raimbaut (*Mousk.*)-*Ragimbalth. auch Rambaud u. nfr. Rabaud. afr. Raimberghe (*Aiol*)-*Ragimberga. afr. Raimond -*Ragin-mund. Reybaud-*Regimbald.
Ramn-isilus. *m. Mâcon.* = -gisilus.
Rat-bertus. 681. -berto-villare. *Ortsn.* 768.
-mundus. 722. *Paris.*
Rauho. 753. Redo-valdus. *m.* afr. Riol (*Gaydon*) Riou-*Redulf.
Ric-isilus. *m. Amboise.*
Rico-bodo. *m. Turturonno.* -mesios. *m. Alfico.*
Ric-bodo. *Roz.* 179. -gavius. 777. *Heristal.*
-hardus. *Roz.* 64. -oaldus. 652. 653. *fr.* Ricaut, Rigaut, Riccaut. (*Gaydon. Girb. d. M.*)
-ulfus. 777. *Le Bl.* I, 440.
Rigo-bercthus. 653. -bertus. 671.
-fridus. 710. -leno. *m.*
Rigni-chari. *m. Coriallo.* = Rigi-. afr. Richier, Richers-*Richari.
Rign-oald. *m. Châl. s. S.* Rig-oald. *m. Huy.*
Rig-ulde. *m. Paris.* -ulfos. 681.
Rim-oald. *m. Maastricht.* ahd. rim *numerus, series.* Vgl. d. *Namen* Rimstein.
Riugo-balt. *m. Meaux.* = Rigo-.
Rodo-landus. *Le Bl.* I, 438. *fr.* Roland.
†Rod-ulfus. *Le Bl.* I, 424. *Narbonnaise.*
†Rolandus. *Le Bl.* I, 437. *Languedoc.*
Rot-bolt. 790. = Chrodo-bald.
Rude-bodes. *m. Arras.* afr. Ruteboeuf?
Runious. 652. *Koseform eines mit* rûna *susammengesetsten Namens?*

Sadi-giselo. *m. Rennes.* Sandi-rico. *m. Elariaco.*
†Sari-baldus. *Le Bl.* I, 446. *Wallf.-Alt. i. Langued.*
Sarro-ardus. 693. got. sarva *Rüstung.*
Sa-ulfo. 691. Sava-ricus. 693. afr. Savaric (*Gaydon*) u. Savari (*Girb. d. M.*)
†Segge-lenus. *m. Bordeaux.* †Sege-leno. *m. Bordeaux.*
†Segi-bertus. Rex. *m. Marseille.*
†Sego-bert. *m. Marseille.* Seg-rada. 766.

Sen-oaldo. *m.* Senocus. 697. Septe-redo. 700.
Seso-valdo. *m.* Ses-oaldo. *m. Clerm. Ferrand.*
Sisia-frid. *m. Yverdun.*
Sis-bertus. *m. Angers. Mit d. 3 letzten Namen vgl. die got.*
 Sisebut *u.* Sise-nand = *sigisa-buds, *-nanþs. s.* J. Kremer
 in P. u. Br. *Beitr.* VIII, 457.
Seud-ulfus. *m. Poitiers.* Sevila. 700. = *svêbila.*
Sic-harius. 697. Sichramnus. *m. Meaux.*
Sico-leno. *m. Clerm.-Ferrand.* Sic-oaldo. *m. St. Jean-de-Maurienne.*
Sigg-oaldo. *m. Rouen. afr.* Sigaud, Sigault, Sigaux.
 -ole. *m. Neoiaco.* -ulfus. *m. Le Mans.*
Siggi-mundus. *m.* Sigi-laico. *m. Lauduno.*
Sigi-bertus. Rex od. Rix. *m. Viviers. Marseille.*
 -mundo. *m. fr.* Sigismond, Simond.
Sig-oaldo. *m. St. Jean-de-Maurienne.*
Sigo-fred. *m. Tallende.* 710. 681. -frid. 694. *m. Paris.*
† -frid. *Le Bl.* II, 216. *Lyonnaise.* †-bert. *Le Bl.* II, 216. *Lyonnaise.*
 -leno. 693. †Sige-frid. *Le Bl.* II, 216. *Lyonnaise.*
Sig-oinnus. *m. Orléans.* -rigus. 766.
Sigon-ard. *m. Senlis. afr.* Sigonnaud -*Sigon-wald. afr.* Seneheut (*Auberi*)-*Sigonhild? afr.* Seheut (*Mousk.*) -*Sighild.*
Sic-ardus. *Roz.* 551. -berta. *Roz.* 281. -ulfus. 788.
Sigh-inus. 695. Sygi-chelmus. 653. *got.* hilms. *frk.* *helm.
Sygobald. 700. -frido. 692. Syge-bercthus. 692.
Sinde-redo. 700. = *svinþa-rêþs.* Sirica. 797. = *sigisa-reika.*
Soabe-ricus. 696.
Soana-chylda. 753. = *Swanahilt.* Soane-chylda. 753.
Sona-childis. 769. = Soana-. Sonno. *m. Cöln.* Sunone. *m. Cöln.*
Sunnine. 700. Sunne-childe. 700. -gisil. *m.*
Sunni-ulfo. 700. Suintha-hario. 700.
Suinth-ulfo. 700. *got.* swinþs *stark.*

Tane-childem. 700. Tede-gusolus. *m.* = Teudegisil.
Teode-berto. Rex. *m. afr.* Tiebert. (*Auberi*).
 -leno. *m.* †-rico. *m. Bordeaux. afr.* Tierri (*Mousk.*) *nfr.* Thierry.

Teodi-birthus. Rix. *m.* Theodebert. II.
   -rico. *m. Novovico.*
Teodo-leo. *m. Carovicus.* = -leno. -rico. *m.*
Teod-enus. *m. Andernoing.*
   -aldo. *m. Fursac.* -ulfo. *m. Ardin.*
Teot-hario. *m. Parducio. afr.* Thibal; Thedbalt (*Rol.*)
*-*Theodbalth.*
Teuda-hario. *m.* Teud-charius. *m. Tornaco.*
+Teuddo-lenus. *m. Toulouse.*
Teude-berte. *m. Châl. s. S.* -gisillus. *m. Metalls.*
   -linus. *m. Mouzon.* -gusolus. *m.*
   -ricus. *m. Maireceasco?*
Teud-oaldo. -ulfo. *m. Autun.* -oinus. 797.
Teudo-rici. roi. *m.* Thierry II. -mares. *m. Mouzon.*
   -meris. *m: Voultegon.* Thai-gundem. 700.
Thed-enus. *m. Metz.* -ulfus. *m. Marsal.* = Theud-.
Theodo-berti. Rex. *m.* Theudebert. II. -leno. *m.*
   -nivia. 700. -ricus. *m. Metz.* Theode-berta. *m.*
Theode-gario-villare. *Ortsn.* 751. -gisilus. *m. Angers.*
   -childa. *Le Bl.* II, 314. *Sens in Eure-et-Loire.*
   -cheldis. *Le Bl.* II, 266. *Jouarré. VII. Jh.*
   -ricus. 716. -runa. 700.
Theoda-chario. 700. -harius. 700.
Theod-oldus. 797. *Aachen.* -redane. 794. *St. Germ. des-Prés.*
Theot-hato. *m. Massa od. Masoal vico.*
Theudo-bertus. *Le Bl. Inschrift.* No. 556.
   -e-berti. *m.* Theudebert I. -cisilus. *m. Metz.*
   -maro. *m. Mouzon.* -garius. 775. *Düren.*
   -lenus. *m. Metz.* -mundus. *m. Marsal.*
   -ricus. 555. 677. 692. 753. -mavo? *m. Mouzon.*
Theud-oaldus. 700. 775. -aldus. 797. *Bruyères.*
Theut-chardus. 770. Theut-hildis. *Roz.* 1024.
Teu-childis. *Le Bl.* II, 313. *Sens.* = Teud-.
Thiud-ulfus. *m. Marsal. fränk.?*
Thrase-mundus. *m. Maastricht.* Trase-mundus. *m. Maastr.*
Tras-oaldus. *m. Scarponne.* -ulfo. *m. Mediano.*
Trast-berga. 700. Trenn-ulfus. *m.*
Trut-baldus. 769. *fr.* Trubert-**Trudbert.*

Trut-ferio. 769.
Tude-lindi. *Le Bl.* II, 460. *Ebersheim b. Mainz.*
Turn-oaldus. 693. 717. Turno-chaldus. 696. *afr.* Turnebent
    (*Aiol.*), Turnebeuf.

Ulfinus. *Le Bl.* I, 358. *Sivaux im Centrum Frankreichs.*
    -o. *m. Paris.* Ulfo-mere. *m. Avallon.*
Un-berta. 797. *Negierende Partik.* un.
Unne-giselo. Unne-leobo. 700. *Im 1. Gliede d. Völkername* Hûn.
Uodal-ricus. *Roz.* 458. *afr.* Ouri *Ulrich.* (*Auberi.*)
†Ut-bert-uto. *Le Bl.* I, 447. *Wallf.-Altar i. Langued.* = Chud-
    bert?

Vade-leo. *m. Namur.* Vade-leno. *m. Aredius.*
Vadeone. *m. Auxerre. afr.* Gaides, Gaidon, Gaydon.
Valdo. *m. Roz.* 191. *afr.* Gaudin. (*Girb. d. M.*) Gaudine.
Valdo-leno. *m.* -lina. *Le Bl.* II, 428. *Amiens.*
    -valdus. *m.*
Wald-radane. 777. Valte-chramno. *m.*
Walt-hario-villare. *Ortsn.* 777. *fr. pers. n.* Wautier, Gautier.
    Gaut-ard -*Walt-hard, Gaudry-*Wald-ric. Gaudibert-
    **Waldi-bert.*
Valo-rigno. *m.*
Vandal-marus. 653. Vandel-eno. *m.*
Vani-mund. *m. Otagius.* †Vanod-ulfo. *m. Toulouse.*
Vaningus. 670. Vuaningo. 659. Varna-charius. 653.
Verolo. *m. Dorio.* = Ver-olfo. Vir-valdo. *m. Izernore.*
Werpien. 631. *In d. Copie einer Urkunde aus d. IX. Jh.*
Wido. 777. Vidra-chado. 658.
Villo-berto. *m. Troyes.* -modus. *m. got.* môds.
    -e-berto. *m. triens de Clovis III.* -bode. *m.*
Vilio-mud, Vilio-modus. *m. Nantes.*
Vilie-mund. *m. fr.* Guillemon, Guillemont.
Wili-elemus. *Le Bl.* I, 440. *fr.* Guillelme, Guillaume.
†Wili-elmus. *Le Bl.* I, 446. *Wallf.-Altar i. Langued. fr.* Guil-
    lard-**Will-hard.* Guillemar-**Willemar.* Guillebaud-**Willi-*
    bald.
Vindo-chario. *m.* Vinitrione. *m. Châl. s. S.* = *Wintrio.*

Vino-valdus. *m. Climone. afr.* Guenes-*Wino.
    -oald. *m. Limoges.* -ulfus. *m. Trier.*
Vuaddone. *m. Brixis.* Vuade-mer. 681.
Vuadingo. *m. saiga.* Vualdo. *m. Burdialet.*
Vualdo-marus. 700. Vualdi-fridus. 788. = *pr.* Gaufred, Gaufré.
Vualde-freda. 797. -ramnus. 694.
Vualte-chramnus. *m. Mediano vico.*
Vualt-harius. 753. Vualt-at. 769.
    -marus. 722.
Vuandilone. 700. Vuandi-linus. *m. Châl. s. S.*
Vuande-berctus. 657. Vuandele-gisilus. *m.*
Vuandel-berto. 692. -ino. *m.* Vuandal-berto. 640.
Vuari-mund. *m.* Mallo. -ulfo. *m.*
    -e-giselus. *m. Scarponne. afr.* Guarin, Garin, Guerin (*Girb.*
    d. M.) -*Warin.*
Vuar-attone. 659. *Rouen.* -attune. 688.
Vuaren-trudis. 797. Vuarno. 692. *afr.* Garnier, Warnier-*Warn-
    hari.*
Vuarne-gisilus. *m. Bodesio.*
Vuido. 768. Vuiddo. *m. fr.* Gui, Guyon.
Vuiddo-laicus. 781. *fr.* Guiard, Guyard-*Widhard. fr.* Guiffrey-
    Widfrid. afr. Widelon (*Enf. Ogier*)-*Widelaun.*
Vuic-bertus. 753.
Vuig-baldus. 774.
Vuille-helmus. 770. Vuill-ulfus. *m. Braia vico.*
Vuini-cardo. *m.* = -chardo. *afr.* Guinart (*Girb. d. M.*)
Vuini-cario. *m. Huio vico.* = -chario. *afr.* Guinier (*Girb. d. M.*)
Vuine-ramnus. 750. -ram. 750.
Vuintrio. *m. Châl. s. S.* Vuitirione. *m. Ch. s. S.* = Wintrio.
Vuit-gher. 794.
Vuala-charium. 700. Vuale-chramno. *m. Bodiso vico.*
    -i-ulfus. *m. Duno.* Vual-esto. *m.* = -gast.
Vulfo-chramno. 693. -laecus. 689. 695. 697.
    -laico. 694. -lenus. 652. *m.* -leudus. 653.
Vulf-arius. 653. *m. Paris.* Vult-garius. *Roz.* 551.
Vunn-oaldo. *m. Sodionis.*

Xono-fredus. *m. Scefleac?*

B. Verzeichnis der fränkischen Eigennamen nach den deutschen Stämmen geordnet.

a) Konson. Stämme.

1. -r-Stämme:

austra- Austo. Aust-adius. Austr-odo. Austro-bert. Austre-gilde. Austr-ulf. -oaldus. Ost-laicus. Host-.

2. -n-Stämme:

abna- Abo. Abo-leno.
hagna- Agne-childe. Agne-ric. Agni-chisil. Hagn-oaldo-villare. Hain-ric. Haino. Chagno. Chagno-mare. Chagne-ric. Chagn-oald. Chaino. Chaeno.
hrafna- Chramne-trude. Chramn-in. Hramn-. Ramn-isil. Adel-ramn. Angal-. Aud-. Berthe-. Blide-. Erme-d-. Gaele-t-. Godd-. Chalde-d-. Ing-. Racne-th-. Vuale-. Vuine-. Bertha-chramn. Gaere-. Gunta-. Si-. Vualte-. Vuine-ram. Ode-ran.

b) Vokalische Stämme.

1. -u-Stämme: Subst.:

badu- Badu. Badi-ricus. Bad-ulfus. Mund-uadu. Gunde-baudos. Mero-baude. Drocte-badus.
friþu- Aege-fred. Aire-. Ala-. Ana-. Ande-. Angal-. Arc-. Aut-. Berthe-. Erm-. Gaire-. Gundo-. Char-. Herla-. Hum-. Lant-. Leude-. Mat-. Ragam-. Sigo-. Vualde-. Beofrid. Ermen-. Gair-. Gau-. Godo-. Grimul-. Gundo-. Chari-. Ingil-. Leud-. Madal-. Megin-. Rigo-. Sigo-. Sisia-. Vualdi-. Fredo-mund. -leno. -vald. Frede-gis. -gunde. -ric. Fred-ulf. -vind. Fridi-ric. -gisil. Fredis-haim. Fri-ulf = Frid-ulf.
hadu- Abt-had. Aust-hadius. Nit-had. Vidra-chad. Theot-hat. Vualt-at. Vuar-atto. Addo-len. Add-un. Ade-mund. -ric. Ad-oald. Adus. Ado-mar. Atto. At-hild. Hade-len. Cado-laicus. Cha-oald. Chad-ol-oald. Chad-un. -uin. Chado-mar. Chade-mund. Chaduove. Chad-ulf.
haidu- Chaid-ulf (Chad-?) Chaide-runa.
grêdu- Graud-ulf = Grad-. Grat-ulf.
vulþu- Chulde-ric. Vult-garius. Rig-ulde.

Adjektive:

*hardu- Chardo. Charde-ric. Chard-oin. Hart-ger. Haerte-ric. Chari-chard. Teuto-. Adal-hard. Ari-. Berne-, Ein-. Guer-. Hrod-. Leut-. Regin-. Ric-. Angal-ard. Aun-.Bern-. Dom-. Ermen-. Frau-. Gam-. Genn-. Gisl-. Gunt-. Chill-. Chrod-. Haim-. Ingil-. Laun-. Leodon-. Lif-. Mad-. Nivi-. Olf-. Sarro-. Sigon-. Sic-.

2. -i-Stämme. Subst.:

*albi- Alb-oin. -ric. -uid.
*alhi- got. alhs templum. Alli-gisels. Alche-mund. Ale-bodes.
*aski- ags. æsc. Ascai-laic. Asca-ric.
*augi- (daneben -n-Stamm.) Auge-maris. -mund.
*baúrgi- Adal-burgis. El-burca.
*draúhti- got. ga-draúhts. ags. ʒedryht. Drocte-bert. -bad. -bal = -bald. -gisil. Droct-oald. Dructo-mar. Druct-oald. Druc-bert = Druct-. Drut-oald = Druht-.
*gasti- lat. hosti-s. Ara-gasti. Genn-aste. Leod-. Mall-. Eud-ast. Hairo-. Vual-esto.
*hugi- Chugo-bercth. Coc-bert. Gogo-laico.
*húni- Unne-gisil. -leob.
*liudi- Leudio. Leudi-gisil. Leudo-bert. -len. -mar. -vald. Leude-fred. -gari. -lin. -ric. Leud-en. -in. -ulf. Leudt-bod. Leuth-fred. Leud-esius. Leut-hard. -heri. -ruda. Leodo. Leodo-gisil. -len. -mare. -mod. -mund. -nid. -vald. Leode-baud. Leodon-ard. Leod-ald. -ard. -en. -esius. -frid.- -aste. -ulf. Leot-ari.
*muni- got. muns. Mune-gisil. Mun-oald. Mone-childe. -thrude.
*sigi- (daneben -u-Stamm. vgl. got. sihu.) Siggi-mund. Sigi-laic. -bert. Sygi-chelm. Segi-bert. -len. Si-chramn. Sigo-frid. -len. Sygo-bald. -frid. Sico-len. Syge-bercth. Segge-len. Sigg-oald. -ole. -ulf. Sig-oinn. -rig. Sigon-ard. Sigh-in. Sic-oald. -ard. -berta. -hari. -ulf. Seg-rada.
*wini- Vuini-cardo. -cari. Vino-vald. Vuine-ramn. Vin-ulf. Berto-win. Bette-. Ing-vin. Godo-uin. Gund-. Chad-. Hild-. Rad-. Alb-oin. Ans-. Aud-. Erl-. Far-. Ghib-. Chard-. Chlod-. Har-. Hebr-. Teud-. Sig-oinn. Bern-ino-curte. Bert-inn. -in. Ebor. Gaer-. God-. Chramn-. Chrod-. Leud-. Madel-. Sigh-. Ulf-. Air-oen. Aud-. Bert-. Gund-. Adel-en. Gund-. Gisel-. Leud-. Med-. Teod-.

Adjektive:

*bleiþi- Blidi-ric. Blide-childe. -gari. -mund. -ramn. Blit-hario-villare. Blit-ric. Adal-bildis.
*blôþi- Blode-ric.
*diuri- Deori-gisil. Deoro-vald. -vara. Deor-eri.
*fasti- Fast-rada.

3. -ia-Stämme. Subst.:

*agja- got. af-agjan, un-agein. ahd. egî. Agi-bodio. -lino. -ulfus. Augi-ulfus? Agio.
*harja- Ala-chari. Ara-. Blat-. Bauda-. Bera-. Berta-. Doma-charus. Ebri-chari. Erma-. Ghinna-. Gunta-. Chlodo-. Imna-. Maura-. Rigni-. Theoda-. Varna-. Vindo-. Vuala-; Aigan-hari. Aut-. Blit-hario-villare. Flot-hari. Magan-. Nanta-. Sic-. Suintha-. Walt-hario-villare; Bard-ari. Domn-. Ermen-. Frot-. Chlot-. Hlot-. Leot-. Rain-. Vulf-. Aect-heri. Ber-her. Balt-eri. Deor-. Als 1. Glied: Chari-ald. -bert. -frid. -gis. -chard. -mund. -ulf. Cari-bert. -frid. Hari-bert. -stal. Ari-bald. -gis. -hard. -mund. -raud. -vald. -vind. Aris-ulf. Chare-caucius. Char-fred. Har-oin. Har-nald. Ar-mann. Chaire-bald. Hairo-ast. Hair-rad. Aire-fred. Airi-guns. Air-mann. -oen. -ulf. Aer-bert. Her-man. Eri-gari. -cisil. Fr-gari.
*hildja- Ac-childe. Agne-. Ain-ilde. Aman-childe. At-hild. Aude-childe. Bouge-ghild. Blide-chîlde. Chrodo-. Chrot-ilde. Mone-childe. Nant-hilde. Svana-chylda. Sunne-childe. Theode-childa. -chelde. Als 1. Glied: Childi-ern = *hildi-gairns. Hildi-bod. -gari. -gaud. -gora. Ildi-ric. Ili-ric. Childo-bert. Hildo-mar. Childe-brand. -gisel. -gunthe. -ric. -rima. -runa. Hilde-grim. Ilde-bod. Helde-bert. Elde-. Child-ulfo-villa. Hild-oald. -uin. -ulf. Hilt-bert. Chil-bert. Chel-ald.
*hilpja- Chilpe-rich. Chilp-ric. Hilpe-ric.
*kunja- Chuni-bercth.
*gunþja- daneben -a-Stamm. s. *gunþa-. Guuthi-vera. Gundi-leuba. -ric.
*vilja- Vilio-mud. Vilie-mund. Wili-elm. Vuille-helm. Willo-bert. -bode. -mod. Vil-bert. Vuill-ulf. Guill-[elm.]

Adjektive:

*aldja- Aldi-chisilo. Alde-garius. -gilda. -giselo. -ricus. Aldo-ricus. Ald-oald. Aldinga. Halt-bert. Chaldo. Chalde-d-ramn.

*mêrja- Mari-dao. Mari-ulf. Meris. Mero-baude. Mer-ulf. Margisil. Baldo-mer. Baudo-. Bodo-. Gundo-. Chlodo-. Teudo-. Ulfo-. Vuade-. Adele-marus. Ado-. Ago-. Audro-. Auge-. Berte-. Dructo-. Ebro-. Ghisle-. Gundo-. Chado-. Chagno-. Chedel-. Chrodo-. Hildo-. Ingo-. Theudo-. Audo-mara. Dago-mare. Elde-. Lande-. Leude-.

*niuja- Nivi-ardos.

*rîkja- Rigni-chari. Rico-bod. Rigo-bercth. -len. -frid. Riugobalt. Rico-mesios? Rig-oald. -ulde. -ulf. Rign-oald. Ricgavius. -hard. -oald. -ulf. Ric-isil. Adal-ric. Ade-. Agne-. Alb-. Alde-. Amal-. Anso-. Asca-. Audo-. Badi-. Baude-. Berte-. Blidi-. Blode-. Daga-. Doma-. Ermen-. Frame-. Frede-. Gagan-. Gibi-. Gode-. Gundi-. Chagne-. Chalet-. Childe-. Chilp-. Chulde-. Chylde-. Hain-. Haerte-. Hildi-. Hlode- Lande-. Leude-. Mode-. Munde-. Sandi-. Sava-. Sigi-. Theude-. Uodal-. Echa-rig. Erchen-. Ermen-. Gunt-. Valo-rigno. Chilpe-rich.

4. -á-Stämme. Subst.

*aihva- got. aihva-tundi Dornstrauch. Eig. ‚Pferdedorn oder Wodansdorn'. Echa-rigo.

*anda- ahd. anto zelus. Ande-fredus. And-oald. Emadol-and. Madel-and. Anadligil = Anda-gisil.

*ansa- urspr. ein -u-Stamm s. J. Kremer. in Paul u. Braunes Beitr. VIII, 455. Ansa-ric. Anso-berth. Ans-elm. Ansoald. -oinaus. -oind. Hans-berta.

*ara- Ara-chari. Aro-berte. Arne-bercth. -bode. Arno-bert. Arnoald. -ulf.

*auda- ags. eád. as. ôd. ahd. ôt. Audo. Audo-bercth. -bode. -len. -mara. -mund. -ran. -ric. Auddo-len. Aude-baude. -bert. -gisil. -childe. Audi-ern. Aud-erd. -gari. -oin. -oen. -en. -oald. ulf. Aut-freda. -hari. Odo-nand. -ran. Ot-olf.

*ausa- Auso-mund. Ause-gunde.

*baira- Bera-chari. Bere-bode. -gisil. -mod. -mund. Ber-her. -oald. -ulf. Bero. Berio. Berne-hard. Bern-uit. -ino. -curte.

— 42 —

*daga- Daga-ric. Dago-bercth. -mare. -vert. Dagu-mare. Dag-ulf. Daco-ber. -vald. Dao-bercth. -vald. Dai-gisil. -mund. Da-ulf. Mari-dao.
*eisarna- Isarnus.
*airla- Herla-fred. Erle-bert. Erl-oin.
*flêþa- Flade-bert.
*fraua- Frau-ardo.
*gaisa- Gaiso. Gaire-chramn. -fred. -hard. Gair-frid. Gaere-chramn. Gaer-bert. -hard. -in. Ghaer-hard. Ger-old. Gir-. Adal-gher. Vuit-. Aru-ger. Hart-. Hildi-.
*gelda- got. gild. Geldo-mund. Alde-gilda.
*geisa- Frede-gis. Chari-gis. Ari-.
*geisla- Ghisle-mar. Ghysle-. Ghysela. Ghisela. Gisela. Gisel-en. Gisli-mund. Gisle-hari. Gisla-mar. Gisl-ard. -oald. Chiscolus. Agri-gisil. Aude-. Baudo-. Bere-. Berti-. Dai-. Deori-. Domi-. Drocte-. Ebire-. Flani-. Chrodi-. Chude-. Imne-. Lande-. Leudi-. Mar-. Medi-. Mune-. Sunne-. Theode-. Agni-chisil. Armi-chigilus. Baudo-chisil. Ebricisil. Alde-gisel. Aumen-. Aune-. Dome-cisel. Erchimgisel. Fride-. Gene-. Childe-. Maure-. Mode-ghisel. Sadigisel. Unne-. Vuare-. Tede-gusol. Launi-gisol. Charigillus. Frami-. Ghisco-berth.
*gunþa- Gunta-chari. -chram. Gundo-bert. -bode. -fred. -mar. -vald. Gondo-bode. -len. Gunde-baud. -ber. -fred. -ric. Gonde-rad. Gund-acer. -uin. Gond-oen. Ause-gunde. Bode-. Frede-. Baude-. Basi-gunde-curte. Childe-gunthe. Imne-. Gundila.
*helma- Helme-gaud. Elmus. Ans-elm. Sygi-chelm. Wili-elm. Vuille-helm.
*igga- Ingobert. -mar. Ing-oald. -ramn. -vin.
*iuþa- an. iod proles. Eudo-lin. Eude-len. Eud-ast. Eu-mund. Eodo-mund. Heude-len.
*landa- Lando-bercth. Lande-bert. -mare. -ric. Landi-gisil. Land-oald. Lant-fred. Berte-land. Chrodo-lad. Rodo-land.
*launa- Launo-bod. -mund. -veos. Launi-gisol. Laun-ard. -ulf. Laum-bert Lam-.
*mana- Manno. Mani-leob. Man-oald. Monno. Mon-oald. Air-mann. Ar-. Her-man.

— 43 —

*_mapla-_ Madal-berta. -frid. Madel-in. -ulf. Madl-ulf. Emadol-and. Madel-and. Mallo-bod. Mall-aste.
*_môda-_ Mode-ghisel. -rad. -ric. Bere-mod. Leodo-. Villo-.
*_nîpa-_ Nit-had. Leodo-nid.
*_ôpala-_ Odol-mar. Odel-bert. Uodal-ric.
*_ragina-_ Racne-th-ramn. Rageno-bert. Ragum-bern. Ragam-berta. Ragan-fred. Ragno-len. Ragne-inn. -mar. Ragn-oald. -ulf. Rain-ari. -garde. -ulf. Regin-hard. Regn-ulf.
*_saba-_ lat. _sapere, sapor._ s. _J. Kremer_ in _Paul_ u. -_Braunes_ Beitr. VIII, 456. Sava-ric. Soabe-.
*_prasa-_ ,Streit'. s. _Kremer._ ibid. s. 430. Vgl. gr. τρέω zittere. τρέσω. Thrase-mund. Trase-. Tras-oald. -ulf. Trast-berga?
*_vada-_ Vuade-mer. Vado-len. Vuadingo. Vadeone.
*_vala-_ ags. _wæl._ ahd. mhd. _wal._ Vuala-chari. Vuale-chramn. Vuali-ulf. Vual-esto.
*_vaira-_ lat. _vir._ Ver-ol.= *_vaira-vulfs._ Vir-waldo.
*_veiga-_ an. _víg._ ahd. _wic_ Kampf. got. _veihan._ Vuig-bald. Vuic-bert. Guich-ingo.
*_vulfa-_ Vulfo-chramn. -laic. -len. -leud. Vulf-ari. Ulf-in. Olf-ard. Adar-ulf. Agi-. Aig-. Air-. Ans-ulfis-haim. Arc-ulf. Aris-. Arn-. Aud-. Augi-. Aun-. Austr. Bad-. Baud-. Ber-. Bert-. Bon-. Brit-. Dag-. Dom-. Ebr-. Fard-. Fla-. Franc-. Fred-. Gaman-. Ganct-. Gand-. Garil-. Gib-. Grat-. Chad-. Chari-. Chivin-. Chlod-. Chrod-. Hebro-. Hild-. Id-. Laun-. Leob-. Leud-. Lhaud-. Madel-. Magn-. Marc-. Mari-. Med-. Mer-. Mon-. Nib-. Rad-. Ragn-. Ric-. Rod-. Sa-. Seud-. Sig-. Sunni-. Suinth-. Theud-. Vanod-. Vin-. Vuari-. Vuill-. Vuali-. Ot-olf. Ragn-.

Adj. Stämme:

*_alla-_ gr. ὅλος. Alla-mundo. Allo-ves. Allo, Alloni. Ala-chari. -fred. Ale-mund.
*_airkna-_ genuinus. got. _airknipo._ Ercam-berta. Ercan-bald. Ercon-oald. Ercham-bert. Erchim-gisil. Erchen-rig. Herchen-rad.
*_airma-_ Erma-chari. Ermo-bert. Ermechari. -d-ramn. Erme-len. Erm-ald. -fred.
*_airmana-_ Ermina. Ermin-thrudia. Ermen. Ermen-ric. -oald-. -ard. -ari. -garda. -lindis. -theus. Ermene-thrude. Immo. Imna-chari. Imne-gisil. -gunthe. -red.

— 44 —

*arga- Arghilo. Arcil-lind. Arc-fredus. -ulfus.
*arma- Armi-chigilus.
*aþala- Adal-angus. -ard. -bert. -bildis. -burgis. -gherus. -gude. -hard. -ric. -trude. -ung. Atal-rat. -vuara. Adel-ald. -bert. -en. -perga. -ramn. -mar. Adele-marus.
*balþa- celer, audax. Baldo-mer. Bald-oald. -ulf. Balt-eri. Blat-chari. Ari-bald. Angil-. Egre-. Ercan-. Chaire-. Riugo-balt. Rot-bolt. Sari-bald. Sygo-. Trut-. Vuig-.
*bairhta- Bertha. Berte. Berta-chari. Berthi-chramn. -gisil. -sinde = *bairhta-svinþa. Berto-vald. -vara. -win. Berthe-fred. Berte-fred. -land. -mund. -ric. Berth-oara. Bert-fred. -in. -oald. -reda. Ac-bert. Adal-. Agem-. Aigo-. Aim-. Aer-. Ans-. Aro-berte. Aune-bert. Austro-. Dago-berth. Domo-bert. Drocte-. Dun-. Ercham-. Erle-. Ermo-. Erne-. Flade-. Frode-. Gaer-. Geno-. Chari-. Childo-. Chlodo-. Chrodo-. Chud-. Halt-. Hans-berta. Ingo-bert. Ingil-. Isem-. Cari-. Laum-. Leudo-. Madal-. Magno-. Norde-. Odiin-berth. Odel-bert. Ordo-berth. Quid-bert. Rado-. Rageno-. Segi-. Sis-. Theudo-. Un-berta. Villo-bert. Vuic-. Adre-bercth. Aygli-. Aghili-. Amal-. Angli-. Ance-. Arne-. Audo-. Dago-. Grim-. Chagli-berct. Chrado-. Chrodo-bercth. Chugo-. Chuni-. Hocio-. Lando-. Norde-. Syge-. Hrod-pert. Dago-vert. Elde-verta. Theodi-birth.
*frôþa- lat. prud-ens. Frode-bert. -lin. Frodo-mund. Frot-ari.
*fruma- lat. primus. Frum-oald.
*fulla- Ful-rad. Fol-rad. Folle-rad. Fol-rat.
*gaila- Gailo. Gaele-t-ramn. Gael-t-ramn.
*grima- Grimone. Grim-bercth. -oald. Grim-ul-frid. Hilde-grim.
*gôda- Gode-bert. -ric. -runa. Godo-bode. -frid. -uin. God-in. Goddo. Godd-ramn. Gudu-mund.
*hlûþa- as. hlûd. Chlotha-chari. Chlotho-vius. Clodo-veus. Chlodo-vius. -vech. -ouig. -veus. -bert. chari-. -mere. Hludo-wic. Gludu-wic. Chlod-oic. -oald. -oin. -ulf. Chlot-ari. Hlode-ric. Hlot-ari. Clod-oald. Clot-ari. Lhaud-ulf. Lothavius = Loth-arius.
*hrôþa- Chrodo-band. -bert. -childe. -ladus. -len. -mar. Chrodi-gisil. Chrode-gari. Chrod-ard. -chari. -mund. -ulf. Chrot-ard. -chari. -ilde. Hrod-pert. -hard. Hrot-bert. Krout-

khild (Runen-Inschrift). Rodo-land. Rod-ulf. Rot-bolt. Rude-bode.

liuba- Leoba-red. Leuba-redo-villare. Leubo-len. -suinth.-vald. Leobo-len. Lobe-gisil. Leob-ulf.

rêþa- Redo-vald. Raed-ulf. Bert-reda. Imne-red. Leoba-. Septe-. Sinde-red = *svinþa-rêps*. Theod-red. Rado. Rado-bert. -uin. Rad-oald. -ulf. Age-rad. Fast-rada. Ful-rad. Gonde-. Gualde-. Hair-. Herchen-. Hild-. Mode-. Seg-rada. Wald-. Atal-rat. Fol-. Rat-bert.

svinþa- Suintha-hari. Sinde-red. Suinth-ulf. Leubo-suinth. [Chro-] de-sinta = *hrôþa-svinþa*.

þrûda- Trut-bald. Ermin-thrudia. -thrudia. -thrude. Ermene-. Gibe-. Mone-. Adal-trude. Alec-. Angan-. Edo-. Ero-. Gau-. Chramne-. Ingel-. Plic-. Vuaren-.

Verbal-Stämme.

bairga- Al-berga. Amel-. Asinde-. Chio-. Chro-. Trast-. Adelperga.

nanþa- Nanta-hari. Nant-hild. -lind. -oald.

valda- Valdo. Valdo-len. Vualdo-. Vualdo-mar. Vualde-ramn. Valte-chramn. Gualde-rad. Vualdi-frid. Wald-rada. Walthario-villare. Walt-hari. -hat. Als 2. Glied: Ari-vald. Berto-. Daco-. Deoro-. Fredo-. Gari-. Chari-. Leubo-. Leudo-. Marco-. Med-uald. Mon-vald. Seso-. = *sigisavalds*. Vir-vald. Ad-oald. Aig-. Ald-. And-. Arn-. Ans-. Aun-. Austr-. Bald-. Balv-. Ber-. Droct-. Ebr-. Ercon-. Ern-. Fant-. Flod-. Frum-. Fulc-. Gadr-. Gag-. Gen-. Gisl-. Grim-. Chadol-. Chagn-. Chel-. Chlod-. Hagn-oaldovillare. Ing-. Land-. Madr-. Magn-. Man-. Mun-. Nant-. Rad-. Ragn-. Ric-. Sen-. Sigg-. Turn-. Adel-ald. Ader-. Erm-. = *airma-valds*. Grim-. Chari-. Chel-. Harn-. Teod-. And-. Ger-old. Gir-. Grim-. Theod-.

varda- Mage-ward. Mege-. Ermen-garda. Rain-garde.

5. -va-Stämme.

balva- Balv-oald.
sarva- Sarro-ard. Sari-bald?

6. -â-Stämme.

*gibâ- Gibe-thrude. Gibi-ric. Ghib-oin. Gib-ulf.
*mundâ- Munde-ric. Mudila = Mundila. Mudulen = Mundulen. Mundo. Mudus = Mundus. Mund-uad. Ade-mund. Agil-. Aigi-. Ale-. Alche-. Ari-. Audo-. Auge-. Aune-. Auso-. Bere-. Berte-. Blide-. Dai-. Eu-. Fredo-. Frodo-. Gari-. Geldo-. Gisli-. Gudu-. Chade-. Chari-. Chrod-. Launo-. Leodo-. Rat-. Sigi-. Theudo-. Thrase-. Vani-. Vilio-. Vari-.
*maþâ- Mat-fred.
*rûnâ- Baude-runa. Dommo-. Gode-. Chaide-. Childe-. Theode-.
*svanâ- Soana-chylda. Sona-childe.
*þiudâ- Teuda-hari. Theoda-chari. Theudo-bert. Teuddo-len. Teudo-mere. -ric. Theodo-bert. -niwia. Teodo-ric. Teude-berte. -gisillus. -lin. -ric. Tede-gusol. Teode-bert. Theode-gario-villare. Theode-childa. -runa. Theude-gari.- mar. -mund. Teodi-birth. Teud-oald. -oin. -ulf. Teod-ald. Teot-hari. Theod-reda. Theot-hat. Theut-hilde. Teut-chard. Thiud-ulf.
*vârâ- vgl. ahd. wâra Wahrheit, Treue: *Graff.* I. 907. Vuari-mund. -ulf. Vuare-gisel. Vuar-atto. Vuaren-trude. Varna-chari. Vuarne-gisil. Vuarno. Atal-vuara. Berto-vara. Berth-oara. Deore-vara. Gunthi-vera.

II. Teil.

Fränkische Lautlehre.

I. Vokalismus.

A. Tonvokale.

a) Die kurzen Vokale.

1. *Germ. a*

entspricht fränk. *a*; z. B. **adal-, *madal-, *hadu-, *dag-, *ald-, *wald-, *ando-, *ansa-, *ara-, *arc-, *hraban-, *-akar, *hari-, *fagin-, *magin-, *ragin-;* **hari-* tritt im Laufe des VII. Jhs. 2 mal in der umgelauteten Form *-*heri* auf: *Aect-heri* und *Leut-heri* und zwar in einer und derselben Urkunde Chlodwigs II. aus dem Jahre 653. Diese beiden Formen sind entweder durch das romanische suffix *erius* (= *arius*) influenziert, oder es mufs, was wahrscheinlicher ist, die Echtheit jener Urkunde in Frage gestellt werden[1]). Auch der Name *Gaucio-bert* in jener Urkunde ist verdächtig. S. auch S. 81. Circa 30 Mal finden wir *-chari* in den Urkunden aus der Zeit von 528—840. Gegen Ende des VIII. Jhs werden die nichtumgelauteten Formen seltener. 777 *Ari-hard*, 770 *Char-fred*. Als Vorläufer des vollständigen Umlautes *e* ist *ai* anzusehen, das uns von der Mitte des VIII. Jhs an begegnet: 750 *Chaire-bald* und aus dem Ende desselben Jhs noch 3 Mal belegt ist: 791 *Hair-rad*, 795 *Hairo-ast*, 797 *Aire-fred*. Nach den obengenannten Formen *Aect-heri* und *Leut-heri* erscheint der vollständige Umlaut zuerst 766 *Ber-her*, dann 768 *Hit-heri* und 772 *Hiteri*. Doch überwiegt

---

[1]) *Tardif* bietet keinen Anhalt, um die Frage zu entscheiden.

-hari in dieser Zeit noch. Man kann daher schliefsen, dafs der Umlaut im Fränk. etwa in der Mitte des VIII. Jhs auftrat und im Anfange des IX. Jhs wohl zur vollständigen Herrschaft gelangt war, da nach dem Jahre 800 nur noch eine nichtumgelautetete Form belegt ist: *Ar-mann* 812.

2. Germ. ĕ

entspricht im Fränk. fast immer *ĕ* z. B. in: **baira-*, **bairgan*, **bairhta-*, **helma-* = got. *hilms*; aber **hilpia-* vgl. den Namen *Chilpe-rich*, *Hilpe-riç*.

3. Germ. ĭ.

a) *ĭ entstanden aus ĕ vor nasal + cons:*
Dieses *ĭ* stellt sich im Fränk. durchweg als *i* dar: **grimm*, **svinth* = got. *svinþs*, ags. *swîđ* stark, mächtig.

b) *ĭ aus ĕ vor einem i oder j in der folgenden Silbe:*
Auch diesem *i* entspricht auf fränk. Gebiete *i:* z. B. **hildja-*, **sigi-*, **niuja-* = **niwi-* = got. *niujis* neu; ferner in **wilja-*, **wini*. Vereinzelt findet sich *e* für dieses *i*, im ganzen 11 mal; darunter 9 mal in Münzennamen aus dem Süden Frankreichs: *Segi-bert*, *Sego-* und *Seggi-*, und in *Elde-* = *Hilde-*. 2 mal in *-oen* für *-uin* = *-win* in Urkunden des VII. Jhs, deren Kopien aus dem IX. und X. Jh. stammen.

c) *i = indogerm. i.*
Dieses *i* ist in der Merowinger-Zeit noch als *i* erhalten, später aber zu *e* geworden. Für das got. **friþu* finden wir in unserm Material *frid-* und *fred-*. Diese beiden Formen verhalten sich in den Urkunden wie 10 : 25. Das VII. Jh. bietet nur *-frid-*: 653 *Madal-frid*, 692 *Sygo-*. und *Ermen-*. 694 *Sigo-*; 691 *Berte-fred*, 694 *Ragan-*. sind Urkunden entnommen, deren Abschriften in das X. und XI. Jh. fallen. Im VIII. Jh. herrscht dagegen schon entschieden *-fred-* vor. Das Verhältnis stellt sich jetzt 6 : 23 dar.

4. Germ. ŏ

a) *als Vokal der e-Reihe*
ist es im Fränk. [leider nur in einem Belege] ausnahmslos als *u* dargestellt. got. *vulfs*. ahd. *wolf* = fränk. **wulf*. Drei Ausnahmen, in denen die Schreibung *-olf* erscheint, sind in *Rozières recueil*

général ohne Zeitangabe überliefert, so dafs man sie ohne Bedenken entweder der ahd. Periode zuweisen oder für romanisierte Formen halten kann.

b) **Als Vokal der u-Reihe**

got. *gadraúhts.* ahd. **truht-* = frk. **druht-* und **draúht-;* beide Formen erscheinen in Namen gleichzeitig nebeneinander und zwar in der latinisierten Gestalt: *druct-* und *droct-*: 679 *Druct-*. *oald*, 678 *Droct-*. 632 *Drut-*. = *Druht-*. Auf Münzen sind *druct-* und *droct-* je 4 mal vertreten. Diese o-Formen können nur als romanisierte aufgefafst werden.

5. Germ. *ŭ*
a) als Vokal der e-Reihe

entspricht demselben im fränk.: *u.* got. *baúrgs* = frk. **burg* in dem Namen *Adalburgis.* ahd. *munt* Schutz = frk. **mund.* vgl. das fränk. Appellativum *mundoburd, mundeburd, mundburdium.* Roz. p. 69. 93. und *mundeboro* der Vormund. *Tardif.* 693. *ŭ* ist ferner vorhanden in **kunja- Chuni-bercth.* **gunþia-, *gunþa-.* **mune-* got. *muns. o* für *u* begegnet nur 1 mal in *Gond-oen* in der aus dem X. Jh. stammenden Kopie einer Urkunde vom Jahre 632. Dieselbe Kopie hat den sonst stets *Mummolus* lautenden Namen in der Form *Mommolus.*

b) **Als Vokal der u-Reihe**

ist es nur éinmal belegt in *Chugo-bercth.* 694. *Gogo-laico* ist eine romanisierte Form des Namens **Hugo-laic.* vgl. ags. *Hygelác.*

b) Die langen Vokale.

1. Germ. *ê,*

das auch die alten deutschen, aus der Römerzeit überlieferten Namen, z. B. *Segimêr* zeigen, hat

α) die fränk. Mundart in der ältesten Zeit gleichfalls. got. *-*mêrs* = fränk. *-*mêr* erscheint in 14 fränkischen Namen, von denen 9 den Münzen, einer einer Inschrift aus dem Jahre 576 und 4 den Urkunden aus dem VII. Jh. entnommen sind. Got. **-rêþs.* ahd. *-rât* = fränk. **réd* ist in 7 fränk. Namen belegt, von denen 5 dem VII. Jh., 2 dem Ende des IX. Jhs. angehören. Ags. *mæð* honos = frk. **mêd* ist mir in 2 Namen des VII. Jhs. und 5 mal auf Münzen begegnet.

β) In weitaus den meisten Fällen hat das Fränk. schon *â* für dieses *ê* eintreten lassen. Sieht man von 5 *â*-Formen in jener verdächtigen Urkunde vom Jahre 653 [1 mal *-mâr*, 4 mal *-râd-*] ab, so finden wir *â* zum erstenmale am Ende des VII. Jhs. belegt. Von 670—788 erscheint *-mâr* 14 mal in Urkunden, auf Münzen 30 mal; *râd* 19 mal in Urkunden von 681—791; *mâd-* 3 mal auf Münzen. Got. *flêþs, Glanz ist nur 2 mal und zwar in der *â*-Form belegt: *Fladebert*. 691 und *Fladbert*.

2. Germ. *ô*

entspricht ausnahmslos fränk. *ô* z. B. got. *hrôþs in *hrôþ-eigs*. ruhmreich. frk. **chrôd-*; ferner in **chlôd-*, **frôd-*; **ôdol-*, **dôm-*. = ahd. *uodal*, *tuom*. Eine Diphthongierung dieses *ô* ist urkundlich vor dem Jahre 840 nicht belegt. *Uodal-ric* in *Roz.*, *recueil général'*. 458 ist man berechtigt, für einen ahd. Namen zu halten, da es ohne Zeitangabe überliefert ist.

3. Für germ. *î*

hat das Fränk. gleichfalls überall *î*. ahd. *wît* = frk. *wîd. ahd. *wîc* = frk. *wîg. got. *reiks* = frk. **rîk-*. as. *blîdi* = frk. **blîd-*. ferner in **nîd-* Hass und **gîsla-*.

4. Germ. *û*

tritt auch im Fränkischen als *û* auf. Die Belege beschränken sich auf *rûna und **trûd-*.

c) Diphthonge.

α) Der *i*-Reihe.

An germ. *ai* hält das Fränkische fest. -*laic, das im 2. Compositionsgliede von Eigennamen erscheint, [vgl. got. *laikan* springen. ahd. *leich*.] findet sich 6 mal auf Münzen, in Urkunden von 694. 710 und 777; 2 mal in *Roz.s recueil général*. -*gail = ahd. *geil* nur 1 mal auf einer Münze. Die für *-laic* und *gail-* erscheinenden Formen *-laec* und *gael-* sind romanisiert. Ob in *Haim-*[*ardus*] 777 got. *haims* zu suchen ist, scheint zweifelhaft, es könnte auch secundäres, aus **hagin-* entstandenes *ai* enthalten. Über die secundären *ai* wird bei dem Konsonantismus unter *g* gesprochen werden. — Ist *saiga* ein fränk. Wort? Es begegnet auf Münzen, z. B. *Regnulf*; *saiga* du Puy. Du

Cange vergleicht es mit nhd. *säge;* es bezeichne eine Art von Münzen, die wegen ihres gezahnten Randes so genannt worden seien.

β) *Der u-Reihe.*

1. *Germ. eu* = got. *iu*

lautet im Fränk. *eu.* got. *þiuda* = frk. **theude-.* as. *liudi* = frk. **leude.* got. *þius* = frk. **theu.* got. *liubs* = frk. **leub.* as. *diuri* teuer ist nur in der romanisierten Form **deoro* belegt. *iu* erscheint nur vereinzelt: einmal auf einer Münze: *Thiudulfus;* in dem Namen des Landes *Niuster.* 677 und in dem dazu gegehörigen Adj. *Niustreco.* 681.

2. *Germ. au* = got. *au.* ags. *ea.* ahd. *ô* = frk. *au: *laun* Lohn. In der Wurzel **aun*, die nach *Grimm* in *Haupts* Ztschr. III, 145 ‚Kraft‘ bedeutet; in **aud-* = got. *audags* selig. **austar-. *baug* = ags. *beag* Ring, Spange und in **augi.* Das *u* in *gau* zeigt die rom. Auflösung des *l* in *u* an z. B. in *Gaufridus. Roz.* 281 = *Galfrid. au* in Appellativen: *staup* = ahd. mhd. *stouf* ein Mafs.

Belege der Monophthongierung in *ô* kommen in fränk. Namen nicht vor. 3 Formen: *ot* = *aud-* in *Roz.s recueil général* und auf Münzen entweder für jüngere, d. h. ahd. oder für roman. Formen gelten.

Auf die Schreibung *ao* (vgl. d. Namen *Aonobode*) hat *Dietrich* ‚Ausspr. des got.‘ p. 50 bei Besprechung des got. Namens *Aunulf,* der auf italienischem Gebiete als *Aonulphus* erscheint, aufmerksam gemacht; er sieht in der Schreibung *ao* die romanische Auffassung des germ. *au*.

B. Suffixvokale.

Bis zur Mitte des VIII. Jhs. überwiegen zwar die erhaltenen Suffixvokale, verraten jedoch in sehr vielen Fällen die lat. Quelle. Was zunächst die *-u*-Stämme betrifft, so zeigt nur éin Name des hierhergehörigen Materials Bewahrung des Suffixvokales *-u-*, nämlich: *Chadu-ove* = *Chadu-veo.* Die übrigen Bildungen sind teils nach den Regeln der lat. Komposition umgeformt, z. B. *Badi-ric* = **badu-reiks; Fridi-ric* = **friþu-reiks. Chade-mund; Chaide-runa; Charde-ric; Chulde-ric* = **vulþu-reiks;* teils ist

Schwund des Suffixvokales, zuerst bei vokalischem Anlaut des zweiten Kompositionsgliedes, eingetreten z. B. *Chaid-ulf. Ad-oald. Fred-. Fred-ulf. Graud-. Bad-. Ad-un. At-hild. Chad-uin.* Bei konson. Anlaut des zweiten Gliedes: *Vult-gari.* Die *-i-*Stämme haben zum Teil ihren Suffixvokal bewahrt, besonders bei Guttural- [*k, g*] und Fricativ- [*ch*] Anlaut des zweiten Kompositionsgliedes: *Alli-gisels. Deori-gisil. Leudi-. Sygi-chelm. Si-chramn* = *Sigi-. Vini-cari. Vuini-cardo;* aber auch vor andren Kons.: *Blidi-ric. Segi-bert. Sigi-. Sigi-laic. Siggi-mund.* In den meisten Fällen jedoch ist -*i-* durch -*e-* und -*o-*, vereinzelt auch durch -*a-* verdrängt worden; durch -*e-*: *Alebode. Alche-mund. Auge-mare. -mund. Drocte-bad. -bert. -gisil. Unne-gisil. -leob. Leude-fred. -gari. -lin. -ric. Leode-baud. Mune-gisil. Mone-childe. -thrude. Segge-len. Vuine-ramn. Blidechilde. -gari. -mund. -ramn. Blode-ric.* Durch -*o-*: *Dructo-mar. Chugo-bercth. Gogo-laic. Leudo-bert. -len. -mar. -vald. Leodogisil. -len. -mare. -mod. -mund. -nid. -vald. Sigo-frid. -len. Sygo-bald. Sico-len. Vino-vald. Deoro-vald. -vara.* Durch -*a-*: *Asca-ric. Ascai-laic?* Schwund des -*i-* ist aufser vor vokalischem Anlaut des zweiten Kompositionsgliedes belegt in: *Albric. Blit-. Fast-rada. Leod-frid. Leudt-bod. Leuth-fred. Leutruda.*

Die -*ia-*Stämme haben meistens den Suffixvokal -*i-* bewahrt: *Agi-bodio. -lino. Chari-ald. -bert. -frid. -gis. -chard. -mund. -ulf. Cari-bert. -frid. Hari-bert. -stal. Airi-guns. Eri-gari. Childi-ern. Hildi-bod. -gari. -gaud. -gera. Ildi-ric. Ili-. Chunibercth. Gunthi-vera. Gundi-leuba. -ric.* vgl. *gunþa- unter den -*a-*Stämmen. *Wili-elm. Aldi-chisilo. Mari-dao. -ulf. Nivi-ard. Rigni-chari.* Doch ist auch an Stelle dieses -*i-* häufig -*e-* und -*o-* getreten. -*e-* in: *Chare-caucius. Chaire-bald. Aire-fred. Childebrand. -gisel. -gunthe. -ric. -rima. -runa. Hilde-grim. Ildebod. Helde-bert. Elde-. Chilpe-rich. Hilpe-ric. Vilie-mund. Vuillehelm. Alde-gari-. -gilda. -gisel. -ric. Chalde-d-ramn.* -*o-* in: *Hairo-ast. Childo-bert. Hildo-mar. Vilio-mud. Willo-bert. -bode. -mod. Aldo-ric. Mero-baude. Rico-bod. Rigo-bercth. -len. -frid. Riugo-balt. Rico-mesios?* Geschwunden ist der Suffixvokal der -*ia-*Stämme aufser vor vokalischem Anlaute des zweiten Kompositionsgliedes in: *Char-fred, Armann, Hair-rad. Air-mann.*

Aer-bert. Her-mann. Er-gari. Hilt-bert. Chil-bert. Vil-bert. Halt-bert. Mar-gisil. Ric-gavius.

Die mit -a-Stämmen im ersten Gliede zusammengesetzten fränkischen Namen zeigen ebenfalls teils Bewahrung, teils Schwund des Suffixvokales. Bewahrt ist er in: *Echa-rig. Ansa-ric. Ara-chari. Bera-. Daga-ric. Herla-fred. Gisla-mar. Guntha-chari. -chramn. Sava-ric. Vuala-chari. Alla-mund. Ala-fred. -chari. Erma-. Berta-chari. Chlotha-. Suintha-hari. Nanta-hari.* Schwund des -a- tritt aufser vor vokalischem Anlaut des zweiten Kompositionsgliedes ein in: *Hans-berta. Aud-gari. Aut-freda. Vuig-bald. Vuic-bert. Lant-fred. Laum-bert. Lam-. Ing-ramn. -vin. Gaer-bert. Erm-fred. Arc-. Adal-bert. -bildis. -burgis. -gherus. -gude. -ric. -trude. Atal-rat. -vuara. Adel-bert. -perga. -ramn. Bert-fred. -reda. Ful-rad. Fol-. Gael-t-ramn. Grim-bercth. Godd-ramn.* -a- ist ersetzt durch -e-: *Ande-fred. Arne-bercth. Aude-baude. -bert. -gisil. -childe. Ode-nand. Ause-gunde. Bere-bode. -gisil. -mod. -mund. Berne-hard. Erle-bert. Flade-. Gaire-chramn. -fred. -hard. Gaere-chramn. Ghisle-mar. Ghysle-. Gisle-hari. Gunde-baud. -ber. -fred. Helme-gaud. Eude-len. Heude-. Lande-bert. -mare. Mode-ghisel. Racne-th-ramn. Ragne-inn. -mar. Thrase-mund. Trase-. Vuad-mer. Vuale-chramn. Ale-mund. Erme-chari. Erme-d-ramn. Ermene-thrude. Imne-gisil. -gunthe. Adele-marus. Berthe-fred. Berte-. Berte-land. -mund. Frode-bert. Gaele-t-ramn. Gode-bert. Chrode-gari. Rude-bode.* [*Chro*]*de-sinta. Valte-chramn.*

Besonders behandelt mufs werden in der Kompositionsfuge stehendes -e- bei -r- Anlaut des zweiten Kompositionsgliedes. In diesem Falle ist nach *J. Kremer* das -e- unter dem Einflusse des *r* aus -a- entstanden. S. *J. Kremer* in *Paul u. Braunes* Beitr. VIII. 449. ‚Es liegt auf der Hand, dafs für die Färbung oder den Schwund des Vokales in der Kompositionsfuge auch die umgebenden Articulationen nicht einflufslos gewesen sind.' Was *J. Kremer* hier von den got., mit -a-Stämmen im ersten Gliede gebildeten, Namen sagt, zeigt sich auch bei unsren fränkischen Namen derselben Art: *Berte-ric. Lande-. Mode-. Gode-. Gunde-. Hlode-. Soabe-. Folle-rad. Gonde-. Mode-. Gualde-. Sinde-red. Gode-runa. Vualde-ramn.*

Folgende Namen zeigen, durch lat. Kompositionsnorm beeinflufst, ein -*i*- statt des -*a*- in der Kompositionsfuge: *Audi-ern. Dai-gisil. -mund. Gisli-. Landi-gisil. Launi-gisol. Mani-leob. Vuali-ulf. Armi-chigilus. Berti-chramn. -gisil. -sinde. Chrodigisil. Vualdi-frid.*

Ein -*o*- statt -*a*-: *Anso-berth. Aro-berte. Arno-bert. Audobercth. -bode. -len. -mara. -mund. -ran. -ric. Auddo-len. Ausomund. Dago-bercth. -mare. -vert. Dao-bercth. -vald. Geldomund. Gundo-bert. -bode. Gondo-. Gundo-fred. -mar. -vald. Ingo-bert. -mar. Eudo-lin. Lando-bercth. Launo- bod. -mund. -veos. Mallo-bod. Rageno-bert. Ragno-len. Vado-len. Vulfochramn. -laic. -len. -leud. Allo-ves. Ermo-bert. Baldo-mer. Berto-vald. -vara. -win. Frodo-mund. Godo-bode. -frid. -uin. Chlotho-vius. Chlodo-. Clodo-veus. Chlodo-vech. -ouig. -bert. -chari. -mere. Hludo-wic. Chrodo-band. -bert. -childe. -ladus. -len. -mar. Rodo-land. Redo-vald. Rado-bert.* Vereinzelt finden wir -*u*- statt -*a*-: *Dagu-mare. Gludu-wic. Gudu-mund.*

Mit -*va*-Stämmen im ersten Kompositionsgliede sind nur zwei Namen gebildet: *Balv-oald* und *Sarro-ard.* (*Sari-bald?*)

Der Suffixvokal der -*â*-Stämme ist noch seltener bewahrt, als der der -*a*-Stämme: nämlich nur in: *Soana-chylda. Sonachilde. Teuda-hari. Theoda-chari.* Aus -*a*- entstand -*e*- unter dem Einflusse von *r* in: *Munde-ric. Teude-. Theode-runa.* -*e*- vor andren Kons.: *Gibe-thrude. Teude-berte. -gisillus. -lin. Tede-gusol. Teode-bert. Theode-gario-villare. Theode-childa. Theude-mar. -mund. Vuare-gisel.* -*o*- für -*a*-: *Theudo-bert. Teuddo-len. Teudo-mere. -ric. Theodo-bert. -niwia. Teodo-ric.* -*i*-: *Gibi-ric. Teodi-birth. Vuari-mund. -ulf.* Schwund des -*a*- tritt ein aufser vor vokalischem Anlaut des zweiten Kompositionsgliedes in: *Mat-fred. Theod-reda. Teut-chard.*

C. Flexion.

Über die Flexion läfst sich nur wenig aus unseren Quellen entnehmen. Doch bestätigen sie, was Grimm über die schwachen Nomina sagte, vollauf: „Die schwachen Masculina gingen den Franken wie den Hochdeutschen auf -*o* aus, die Feminina auf -*a*". In den fränkischen Urkunden werden die Masculina nach den lat. auf -*o, -onis* dekliniert, die Feminina zeigen den Casus obliquus auf *-ane*: *Bobone, Bosone, Dodone;* Fem.: *Adelane, Asindebergane, Gundilane, Leubane, Mudilane, Mummolane, Waldradane.*

Es ist wahrscheinlich, dafs diese Formen auf roman. Einflüsse beruhen, da sie aufserhalb des roman. Sprachgebietes und aufserhalb Frankreichs nicht nachzuweisen sind. Vgl. afr. *Berthain, Evain. Dies*, Gr. d. rom. Spr. 5. Aufl. p. 436. Anm. 1. *Gröber* in Ztschr. für Rom. Phil. V. 443. ib. S. 617. *Schuchardt.*

II. Konsonantismus.

A. Sonore Konson.: l, r, m, n und der Halbvokal w.

1. Über *l* ist nichts Besonderes zu bemerken.

2. *r* ist im Fränkischen erstens gleich ursprünglichem germ. *r*, zweitens gleich der älteren weichen Spirans *s* (*z*). Vgl. *z* unter den weichen Spiranten.

3. Die Konsonantenverbindung *mn* steht in fränk. Namen ausschliefslich für *bn*, z. B. *hramn-* = *hraban-, hrabn-*. Folgt auf diese Verbindung noch *l*, so fällt *n* aus, z. B. *Chram-lin*. In éinem Namen jedoch aus dem VIII. Jh. ist *nn* an die Stelle von *mn* getreten: *Erme-t-rannus;* Abfall des *n* ist in einigen Münzennamen und éinmal urkundlich belegt: *Vuine-ram*.

4. *n* ist im Fränk. vor *s* und *þ* im Gegensatze zu dem as. afrs. ags. und an. bewahrt z. B. in *ansa-* = ags. *ôs-*, an. *âss*. (Vgl. die *anses* bei *Jordanes*.) Vor *þ*: *gunþa-* = ags. *guð* pugna.

5. Für den *Halbvokal w* ist 6 mal die romanische Schreibung *g, gu* eingetreten: *Gualde-radus* = *Walde-rad* in der schon oben als verdächtig bezeichneten Urkunde vom Jahre 653, *Malgoald* in einer Urkunde vom Jahre 691, deren Kopie dem X. Jh. angehört. *Guichingo 751.* 2 mal inschriftlich: *Guill-*[*elmus*] VI. Jh. und *Rain-gardes* ohne Zeitangabe. Den sechsten Beleg s. unter *q*. -gu für deutsches w ist allgemeinromanisch; das Ostfrz. hat es als *w* erhalten.

B. Geräuschlaute.

a) Harte Spiranten.

1. *Die dentale harte spirans þ* tritt in den Eigennamen des VI., VII. und VIII. Jhs. anlautend noch durchweg, teilweise

auch noch inlautend, besonders nach *n* unverschoben auf. Anlautendes *th* ist bis zum Jahre 753 12 mal, von 753—840 noch 7 mal urkundlich belegt; in zweien dieser 7 Belege erscheint das *th* nach Weise der lateinischen[1]) Schreiber als einfache Tenuis *t*. Noch häufiger findet sich diese in den auf Münzen überlieferten Namen; diese Schreibung ist so zu erklären, dafs die Romanen die ihnen fremdartige Spirans der Franken durch den dieser am nächsten liegenden Laut, die Tenuis, wiedergaben. — Inlautendes *th* scheint sich am längsten in Verbindung mit *n* gehalten zu haben: 566 *Chrode-sinta.* 700 *Gunthi-vera, Gunta-chari, -chramn.* 769 *Gunt-ardus, Nant-lind.* 671 *Guntrigo.* 700 *Suintha-hari, Suinth-ulf.* 640 *Nante-childa.* 652 *Nant-hildis.* — Inlautend nach Vokalen ist es dagegen nur zwei mal zu belegen: *Chloth-a-chari, -o-vius.* Die Schreibung *t* jedoch öfter: *Chlot-hari* Le Bl. *Chlot-ari* 658. *Chrot-ardus* 753. *-chari* 694. *-ildis* 670. Auch die franz. Eigennamen deutscher Herkunft zeigen teils *th* und *t*, teils *d*: *Gonthier, Gontier, Gontard, Gontaut, Gontran; Gondebaut, Gondebeuf.*

2. *ch*, besonders in Verbindung mit *l* und *r*: *chl* und *chr* gehörte, wie *Grimm* ausführt, der merowingischen Zeit an, und der Übergang in *h, hl, hr* begann schon gegen Ende derselben sich zu vollziehen. Diese Ausführung *Grimms* bestätigt unser Quellenmaterial vollauf: in den Urkunden und Inschriften sind bis zum Jahre 753 nicht weniger als 88 Belege für *ch, chl, chr* vorhanden: 17 mal *Child-*, 13 mal *Chlod-*, 20 mal *Chrod-* und andere. In der zweiten Hälfte des VIII. Jhs. ist das Verhältnis von einfachem *h* zu *ch* wie 20 : 6; im IX. Jh. ist *ch* ganz geschwunden. Die lautliche Geltung dieses *ch* war wohl die einer Spirans. Das an seine Stelle getretene *h* wird den Lautwert unseres *h* = spiritus asper gehabt haben. Es mufs indessen ein sehr kräftiger Hauchlaut gewesen sein, da das Französische, das den lat. spiritus asper verschmäht hatte, den deutschen erhielt. — Von romanischen, des Deutschen unkundigen Schreibern wird das in fränk. Eigennamen häufig auftretende unorganische *h* herrühren, z. B. *Hans-berta* 681. = *Ans-.* frk. **ansa-* = ags. *ôs-. Hebroin* 775. = *Ebur-win. Hebroulf* 681. *Herchen-*

---

[1]) Wie *Diez*, Gr. d. rom. Spr. 5. Aufl. S. 257 nachweist.

rad 775. = *airkna- ‚genuinus'. Herla-fred 771. = as. erl. Vgl. fr. haut aus lat. alt-us. — Ferner begegnet auch die lat. Schreibung c für ch[1]), z. B. Cadolacus. 777. Cado-laicus. 710. 2 mal Cari- für Chari- auf Münzen. Clodo-veo. 652. Kroutkhild, eine Runenschrift bei Le Bl. II, 214 für Chrot-child. Coc-bert. Le Bl. I, 435 = ags. Hycg-bert. — Auch g findet sich: Gogo-laic = ags. Hyge-lâc. — Ebenso setzen unsre Quellen oft latinisierend ct für ht: -berct- für -berht-; druct- und droct- für druht- und droht-. wacta = wahta.

3. Über die harte Spirans f ist nichts Besonderes zu bemerken. Für ft, resp. pt fehlen Belege.

4. Harte Spirans s hat sich in der Verbindung mit l erhalten: *gisla.

b) Weiche Spiranten.

1. đ ist im Fränk. wie im Westgerm. überhaupt zur Media geworden: *leude-. *blide-. *frôde-. Die Media ist mehrfach unter Einwirkung eines folgenden h zur Tenuis geworden; z. B. Blit-hari. Frot-.

2. Über ʒ ist zu bemerken, daſs es vor i häufig vokalisiert wird, z. B. in *magin- = *main-. *ragin- = *rain. *hagin- = *hain-. *fagin- = *fain-. Die Verbindung ng, z. B. *ango-, *ingo- u. s. w. entspricht dem got. Guttural-Nasal gg. Der auch von Grimm, G. d. d. Spr. S. 378 erwähnte Schwund des anlautenden g in -*gast ist mir 3 mal in folgenden auf Münzen überlieferten Namen begegnet: Leod-aste. Mall-. Mall-asti.

3. Die weiche Spirans ƀ, die nach Braune, got. Gram. § 54 im Got. inlautend nach Vokalen vorhanden war, ist im Fränk. zur Media b geworden.

4. z ist nur éinmal auf einer Münze aus Speier belegt: Gaiso. got. *gais. ahd. gêr. In allen übrigen mit diesem Stamme gebildeten Namen ist schon r eingetreten. Vgl. jedoch pr. raus got. raus Rohr. fr. roseau und framboise.

c) Tenues.

Die fränk. Tenues stehen mit den gotischen auf einer und derselben Lautstufe.

---

[1]) Vgl. Grimm, G. d. d. Spr. S. 380.

1. Für *t* begegnet allerdings 2 mal hd. *z;* 1 mal in jener verdächtigen Urkunde vom Jahre 653, in dem Namen *Gauciobert,* und auf einer Münze *Gauce-mare.* Beide Fälle kommen also für unsere Zeit nicht in Betracht.

An dieser Stelle ist noch die romanische Eigentümlichkeit der *t-,* resp. *d*-Epenthese zu erwähnen, die besonders zwischen 2 Liquiden statt hat; sie wurde in folgenden 6 Namen beobachtet: *Gael-t-ramno* 680. *Gaele-t-ramno* 671. *Erme-d-ramno* 697. 716. *Erme-t-ramno* 716. *Chalde-d-ramno* 694. *Racne-th-ramn.* Le Bl. Der Suffixvokal *e* der 5 letzten Namen mufs als stumm aufgefafst werden. — Vgl. die fr. Formen: *prindrai* in den Strafsburger Eiden; *viendrai; mieldre* = *melior.*

2. Die Labial-Tenuis *p* ist in folgenden fränk. Namen zu belegen: *Chilperic,* in den 3 etymologisch dunklen Namen: *Pipin, Werpien* und *Plic-trude.* [*Plic-* stellt *Grimm* zu *blic* fulmen.] und in dem Appellativum *staup* = ahd. u. mhd. *stouf* ein Mafs.

3. Die Guttural-Tenuis *k,* für die von den rom. Schreibern[1]) mehrfach auch *g* geschrieben wird [**rig-* sehr häufig für **ric-*], ist zu belegen in **ric-, -*laic,* got. *laikan.* ahd. *leich. *franc-, *marc-.* Nur éinmal findet sich auch die Schreibung *ch* in *Chilpe-richus* 716. — In Verbindung mit *s* zeigt sich *k* in: **asca-,* z. B. *Asca-laic;* und in dem Appellativum *seniscalc.* Roz. — *q̣* findet sich éinmal bei *Le Bl.* in dem Namen: *Quidbertus* = *Guid-* = *Wid-.* Es ist also eine Verhärtung der romanischen Schreibung *gu* für germ. *w.* Derselbe Name erscheint noch einmal bei *Le Bl.* I, 433 in der abgekürzten Form: *Widbts.* Ebenso ist das bei *Fredegar* 11, 18 vorkommende *Quintrio* aufzufassen = *Guintrio* = *Wintrio.* Da *gu* für germ. *w* allgemeinromanisch ist, wird man auch berechtigt sein, in dem *Guodan* des *Paulus Diaconus* eine romanisierte Form zu sehen.

---

[1]) Für die rom. Schreiber hatte intervokales *k* bereits den Lautwert *g.*

Übersicht über die Abweichungen des fr. Lautsystemes von dem got. und ahd.

Aus der vorstehenden Lautlehre sind folgende Verschiedenheiten der Lautentwicklung des Frk., Got. und Ahd. zu entnehmen[1]):

I. Vokalismus.

a) Kurze Vokale:

1. Das Frk. hat indogerm. ĕ bewahrt, wenn nicht nas. + kons. unmittelbar darauf folgte, oder ein i oder j in der nächsten Silbe stand, z. B.: *helm, *geld. Das Got. allein hat alle e in i verwandelt: hilms, gild.
2. Hat die altfrk. Mundart älteres ŭ, auch vor l und l + cons. erhalten, dies mal in Übereinstimmung mit dem Got., aber im Gegensatze zum Ahd.: frk. *ful. got. fulls, ahd. fol, nhd. voll. frk. *fulc. ags. folc (fylce) as. ahd. folc. frk. *wulf. got. wulfs. as. ags. wulf. ahd. wolf.

b) Lange Vokale:

In dem ältesten Fränkisch, zur Merowinger Zeit, entspricht fränkisches ê noch got. ê, von jener Zeit an aber weisen unsre Quellen â auf.

Fränk. î, û und ô entsprechen sowohl im Got. wie im Ahd. denselben langen Vokalen. Für ô hat das Ahd. uo.

c) Diphthonge.

Von diesen weicht nur fränk. eu von dem got. iu ab. ahd. iú. ags. eo. Für das got. und frk. ai hat das Ahd. ei oder ê; das as. ê; an. ei.

Für den got. und frk. Diphthong au hat das Ahd. ou oder später den Monophthongen ô; as. ô; an. au. ags. ea.

II. Konsonantismus.

A. Sonore Kons.

Das Fränkische hat mit dem Got. und Ahd., aber im Gegensatze zum An. Ags. und As. n vor þ resp. d und s bewahrt.

---

[1]) Vgl. damit Diez, Gr. I.

B. Geräuschlaute.

1. Die got. harte dentale Spirans þ ist inlautend im ältesten Fränk. zwar noch als solche bewahrt; doch ist hier die Verschiebung zur Media früher durchgedrungen als im Anlaute.
2. Got. und ahd. *h, hl, hr* entspricht fränk. *ch, chl, chr.*
3. Der got. weiche Spirant *đ* ist im Fränk. zur Media geworden; im Ahd. *t.*
4. Die got. weiche Spirans *s — z* = frk. *r.*
5. Die frk. Tenues entsprechen den got., während das Ahd. für *k — h*, für *p — f*, für *t — z* hat.

Hierin nun liegen die Kriterien für fränk. und nichtfränk. Abkunft fr. Wörter deutschen Ursprungs ausgesprochen, die gestatten, folgende fr. Wörter deutschen Ursprungs, die der fränk. Lautlehre widerstreben und ahd. Lautstufe zeigen, als unfränkische auszusondern; manche mögen schon bald nach dem Jahre 800 in das Fr. eingedrungen sein.

Afr. *herberc* Herberge. vb. *herbergier* und fr. *héraut* Herold können wegen des zu e umgelauteten a in **hari- *heri* frühestens um das Jahr 800 aufgenommen sein, um welche Zeit der i-Umlaut des a sich zuerst im Frk. bemerkbar macht.

Ebenso verhält es sich mit fr. *renard* Fuchs, *renardie* Verschlagenheit. ahd. *Reginhart-Reinhart* eigentl. Ratgeber, Name des Fuchses in der Tiersage. Vgl. d. fr. Namen *Regnaud, Renaud*-Reginwald. *Regnier*-Reginhari. Dagegen *Raimbaut* etc. -Raginbalth.

Fr. *danser* tanzen vom ahd. *dansôn.* mhd. *dansen* ziehen, dehnen. Zu ahd. *dinsan.* got. *þinsan* in *at-þinsan.* frk. **þinsan.* frk. þ würde fr. t ergeben haben.

Afr. *esclate* Geschlecht. ahd. *slahta, sclahta* dass. Wäre dieses Wort früher aus dem frk. Wortschatze in die fr. Spr. aufgenommen, so würde h vor t sich zu i entwickelt haben. Vgl. *guaite-*wahta. ambait-*ambaht.*

Afr. *elin* von hoher Geburt. ahd. *edeling-*edling.* frk. **adaling.* pr. *adelenc* (nur im *G. d. Ross.*) wegen der Media wohl nicht got. Ursprungs. (got. **aþal-*)

Afr. *eschevi* und *escavi* schlank gewachsen. ahd. vb. *scephen, scaffan.* part. *giscafan* im prägnanten Sinne = *wola g.* das Frk. bot hier sicher **scapjan.*

Fr. emberguer-*in-bergan. ahd. bergan, pergan. Vgl. herberger (ğ.)

Afr. grif. m. nfr. griffe Kralle. vb. griffer packen. ahd. grîfan. nhd. greifen. S. dagegen fr. gripper, das frk. p zeigt. frk. *gripan.

Fr. agrafe zeigt gleichfalls durch sein f die ahd. Lautstufe an. ahd. chraffo, chrapfo. Vgl. damit fr. grappin.

Afr. afre Schrecken, Grauen. ahd. eiverî amaritudo, austeritas. Fr. affreux. it. afro. ahd. adi. eiver, eiber amarus. frk. *aipar. Doch hat diese Herleitung ihre Bedenken.[1]

Fr. drille Kamerad. ahd. drigil, dregil Diener zu got. þragjan laufen. frk. *þrigil würde fr. anlautendes t ergeben haben.

Fr. écale Nuſs- od. Eierschale. ahd. scala Schale. frk. *scalja. Vgl. fr. écaille, gazaille.

Fr. brelan ein Kartenspiel. vb. brelander. afr. brelenc, berlenc Brett z. Würfelspiel. ahd. *bretel, *bretelin.

Fr. houe u. hoyeau Haue, Hacke. ahd. houwâ dass. vb. houer vom ahd. houwan. Diese Herleitung gestattet die Beschränkung des Wortes auf Frankreich und den Begriff.

Fr. hutte Hütte. ahd. hutta dass. nicht v. frk. *hutja. vb. hutter Hütten bauen.

Fr. esclo Hufschlag v. ahd. *sclaha = sclaga, slaga dass. frk. *slaga würde fr. *eslaie ergeben haben.

Im Auslaut erhaltenes fr. c bildet in folgenden 4 fr. Wörtern das Kriterium für spätere Aufnahme resp. für ahd. Herkunft derselben:

Fr. bloc Klotz, Haufe. Die Herleitung von ahd. biloh, piloh Verschluſs, Block, Klotz ist wegen der auslautenden ahd. Aspirata unzulässig. vb. bilûhhan, pilûhhan. fr. vb. bloquer; daher entlehnt it. bloccare. sp. bloquear. Vielleicht erhielten die Franzosen dieses Wort aus dem Nld., wo es blok lautet.

Fr. crac; vb. craquer krachen, knarren. ahd. chrac.

Fr. estrac (vrlt.) hager, schmal (v. Pferden) v. ahd. strach strictus.

---

[1] Fr. race leitet Diez v. ahd. reiza Linie ab. race = linea sanguinis. it. razza. sp. pr. raza. Diese Herleitung wird aber gleich derjenigen von afre dadurch ungewiſs, daſs ahd. ei kein fr. a ergeben kann, da es wie e + i gesprochen, e ergeben muſs, wie in guéder. S. 62.

Pr. afr. *buc* Bienenkorb. ahd. *pûch*, *bûh* Bauch, Rumpf. *Dies* stellt hierzu auch das fr. vb. *trébucher* zu Boden werfen, eigtl. mit dem Rumpfe aus d. Richtung bringen. *trébuchet* ein Wurfgeschütz. afr. *tresbuchier* u. *trasbuschier*.

 Fr. *guéder* sättigen (nur part. *guédé*) v. ahd. *weidôn* pascere.

 Afr. *halt* Aufenthalt, Wohnung. ahd. *haltâ* Vorrichtung zum festhalten, cupla (d. i. copula) canum venaticorum.

 Fr. *hampe* Griff einer Waffe. zsgz. aus ahd. *hanthaba* ansa, capulus.

 Fr. *saisir* ergreifen, wegnehmen. pr. *sasir*. it. *sagire* in Besitz setzen. Nach *Diez* ‚ein Wort aus dem Rechtswesen'. ahd. *sazjan, ‚logisch passender *bi-sazjan* in Besitz nehmen'. Da die streng ahd. Formen *sazzan, sezzan* dem fr. Worte nicht zu Grunde liegen können, muſs man die ältere Form *sazjan supponieren.

III. Teil.

Die Grundlagen der französischen Wörter auf fränkischer Lautstufe.

Die Aufgabe dieses dritten Teiles ist, aus den Formen fr. Wörter deutscher Abkunft die fränk. Grundlage zu erschliefsen. Dies hat zu geschehen an der Hand der aus den fränk. Eigennamen gewonnenen Kenntnis des Vokal- und Konsonantenzustandes des Fränkischen und unter Beachtung derjenigen Lautregeln der fr. Sprache, die fränk. Wörter zu ergreifen und umzugestalten vermochten. Überall, wo die fr. Wortform eine ältere Lautgestalt als das Ahd. zeigt oder eine specifisch fränk. Lautqualität bewahrt hat oder vorauszusetzen nötig ist, wird mit Gewinnung einer den Lautregeln der fränk. Eigennamen entsprechenden Lautform auch die fränk. Herkunft eines fr. Wortes deutscher Herkunft sicher gestellt. Die fr. Wörter dieser Provenienz sind unter 1. vorgeführt worden. Neben denselben stehen fr. Appellativa deutscher Abkunft, die weder als entschieden fränkisch noch ahd. sich bezeichnen lassen, weil ihre lautliche Grundlage sowohl der fränk. wie ahd. Phonologie entspricht, die mithin specifisch fränkische Lautcharakteristica nicht an sich tragen. Diese Wörter sind unter 2. zusammengestellt. Ihre Herkunft aus dem Fränk. ist wahrscheinlich, aber nicht beweisbar. In beiden Verzeichnissen sind die fr. Appellativa deutscher Abkunft nach den Lauten zusammengestellt, damit gleichartiges neben einander erscheine. Zugleich erleichtert diese Anordnung den Überblick über das Verhältnis lat. und deutscher Grundlaute zu den französischen. Zur bequemen Übersicht folgt ein alphabetisches Verzeichnis über das in beiden Abschnitten behandelte Wortmaterial.

1. Die französischen Wörter fränkischen Ursprungs.

A. Lautwechsel.

I. Vokalismus.

I. Fr. a.

a) *Dem fr. gedeckten a in Wörtern deutschen Ursprungs entspricht frk. a + mehrfacher Konsonanz, wie in lat. Wörtern fr. a = lat. gedecktem a. (chant (er) = cant(are).)*[1])
Eigennamen: *Franc*-Franco. *Evrart*-Eburhardus. *Amangier*-Amangarius. *Anselme*-Anshelmus. *Ansiau*-Ansoald. *Bertran*-Berthramnus etc.

Appellativa: afr. *barde* Pferdeharnisch, Zimmeraxt setzt frk. **barda* voraus. ahd. *parta* Beil, Streitaxt. afr. vb. *barder* panzern.

Nfr. *auberge*, afr. *herberge* (*héberge*). *D'Arbois de Jubainville* (*Romania* I. 1872. S. 140.) erklärt *auberge* und *herberge* richtig, indem er in dem a des Wortes *auberge* „ein altertümliches Merkmal sieht, das *herberge* und *héberge* nicht besitzen". Folgende Reihe ist anzunehmen, wie sie die mit **chari-* gebildeten frk. Eigennamen ergeben: **charioberga*, **chariberga*, **hariberga*, **ariberga*, **arberga*, **alberge-auberge*. *alberge* stammt also gleich *ar-ban* (*arrière-ban*) aus der Zeit, als der i-Umlaut des fränk. a noch nicht durchgedrungen war. *héberge* dagegen (von der umgelauteten Form **heri-berga* abgeleitet) kann sich die fr. Sprache erst nach jener Zeit angeeignet haben. Für *héberge* mufs man folgende Reihe annehmen: **charioberga*, **chari-berga*, **hari-berga*, **haire-bergu*, **heri-berga*, **herberge*, *héberge*. Das 5. Glied der von *Jubainville* angenommenen Reihe: **heir* erscheint in unsrem Quellenmaterial erst im Jahre 861. *Tardif*. Nr. 719. Schliefslich bemerkt *Jubainville* mit Recht gegen *Diez* und *Littré*, dafs *herberge* und *herbergier* ihren Ursprung dem Fränkischen der carolingischen Epoche und nicht dem Ahd. verdanken.

---

[1]) Die im folgenden mehrfach angezogenen Daten der Entwicklung lat. Laute zu fr. nach Herrn Prof. *Gröbers* Vorlesung über fr. Grammatik.

Fr. *hardi* kühn. vb. *enhardir* kühn machen. frk. **hard-*. ahd. *hart* und *harti* hart, hartnäckig.
Afr. *balt, baud* kühn. ahd. *pald* kühn. frk. **balth-, *bald-*. Davon fr. *baudet* Esel. afr. *Baudouin* Name desselben in der Tierfabel, das zufriedene, vor Fröhlichkeit jauchzende Tier.
Fr. *ban* öffentliche Verkündigung. vb. *bannir* führen auf frk. **band-* und **bannjan*. Diese mehrfache Konsonanz mufs supponiert werden, da aus **ban* fr. **bain* entstanden sein würde. Folgende fr. Ableitungen gehören hierher: *bandon*, meist mit *à: abandon* Überlassung. *arrière-ban*, übertragen aus frk. **hariband* = afr. *arban* Frohndienst. *Dieffenbach:* goth. Wb. I, 299 nimmt mit Recht sehr frühe Aneignung dieser Wörter an; die des Wortes *arban* mufs wegen des nicht umgelauteten *a* in ‚ar-‘ spätestens in den Beginn des IX. Jhs. gesetzt werden, da das *a* um diese Zeit schon umgelautet ist. Eine weitere, gleichfalls schon afr. Komposition ist *forban, forbannir* (lat. *foris*) durch öffentliche Verkündigung des Landes verweisen. Ein späteres Kompositum ist *contrebande*.

Neben *banc* und dem im 16. Jh. aus dem it. *banca* entlehnten *banque* Bank kommt *banche* vor in der Bedeutung ‚Felsengrund in der See‘, das aus einem frk. **banca* ahd. *pank* entstanden und in der franko-rom. Periode der fr. Sprache aufgenommen sein mufs, da es nach dem Gesetze: „lat. inlautendes *ca* hinter kons. wird zu *che*" sein *ca* zu *che* entwickelt hat. Nach demselben Vorgange entstand

Fr. *blanc*, fem. *blanche* aus frk. **blanca*. ahd. *planch*, und fr. *franc*, fem. *franche* aus frk. **franca*.

Fr. *bande* binde. frk. **bandi*. ahd. *gipenti. bande* auch = Trupp, Bande. *ban* Fahne.

Für fr. *hache* (‘h) ist nicht ein deutsches **hakka*, sondern ein Stamm **hapia* anzusetzen, da pr. *apcha* nicht zu **hakka* stimmt. Vgl. *W. Foerster* in *Groebers* Ztschr. f. rom. Ph. III, 264. ahd. *happâ, heppâ* Hippe, Sichel entspricht frk. **happjâ*. Von dem ahd. *happâ* ist fr. *happe* Halbkreis von Eisen, Krampe herzuleiten. vb. *happer* packen.

---

[1]) Fr. *balcon* ist erst spät aus dem It. in das Fr. aufgenommen. Schon die Nichtvokalisierung des l, aufserdem das späte Auftreten des Wortes im Fr. zeigt das an.

Afr. *brant, branc* Schwertklinge ist nicht v. ahd. *prant titio*, sondern v. einem frk. **brand-* herzuleiten. Die afr. Tenuis steht dieser Annahme nicht entgegen, da die fr. Media im Auslaute als Tenuis gesprochen wird. Zudem erscheint die Media im Inlaute wieder: *brander* brennen. *brandon* Fackel. *brandir* die Lanze schwingen. Dimin.: *brandiller* schwingen. *branler, ébranler.*

Afr. *chambrelenc*, nfr. *chambrelain* Kämmerling führt auf frk. **camarling* zurück. *camara* mufs schon sehr früh aus dem Lat. in das Frk. eingedrungen sein, weil *ca* dieselbe Entwicklung erfahren hat wie lat. *ca*, und dieses sich in frk. Zeit zu *ch* zu entwickeln beginnt.

Fr. *crampe* Krampf, *crampon* Klammer. afr. *cranpi* zusammengekrümmt nicht v. ahd. Adi. *chramf, cramf* gekrümmt, sondern v. frk. **cramp.* vgl. *étamper.*

Fr. *drap* Tuch, *drapeau* Fahne. [sp. pg. *trapo, trapajo, trapero.*] wurde, wenn es überhaupt germ. ist, schon in frk. Zeit aufgenommen, da es mit der anlautenden Media auf niederdeutscher Lautstufes teht. *G. Baist* in rom. Forschung. I. 1. 106. weist nach, dafs im sp. hd. f, z, p, t, k nicht vorkommen können. Nach *Diez.* et. Wb. I.[4.] 123 wird in Urkunden Spaniens auch *drapero, draperius* gesagt; das Wort wäre also Fremdwort in Spanien. Immerhin ist die deutsche Herkunft dieses Wortes nicht sichergestellt.

Afr. *faude* Saum, Schofs — frk. **falda.* mhd. *valde, valte* dass. ahd. vb. *faltôn.*

Für fr. fem. *fange* Schlamm wird man frk. **fanja*, auf das ahd. *fenni* hinweist, ansetzen können, während pr. *fanh* = dem got. Neutr. *fani*, Gen. *fanjis* ist. it. *fango* ist auf ein **fanj-* zurückzuführen.

Fr. *étamper* eindrücken. it. *stampare.* ahd. *stamfôn.* frk. **stampôn.*

Fr. *écaille* Schale, Rinde. ahd. *scala* dass. frk. **scalja.* Dazu fr. vb. *écailler* abschuppen. Vgl. dagegen fr. *écale.* (ahd.)

Afr. *gazaille* Genossenschaft liegt eine afränk., noch nicht umgelautete Form **gasalja* zu Grunde. Streng ahd. *gisilljo, gisello.* mhd. *geselle.* mlt. *gasalia.* Der fr. mouillierte Laut ‚aille' giebt den deutschen Laut ‚alja' wieder, wie in fr. *écaille.*

Fr. *gage, gager* Pfand, pfänden. got. *vadi.* ahd. *wetti.* frk. **wadi*. mlt. *wadium. dj*, das auslautend in lat. Wörtern in der franko-rom. Periode der fr. Sprache zu i geworden war, wurde in **wadj.* zu g̈.

Afr. *gante* Gans mufs, da dem betreffenden ahd. Worte schon ein s zukommt (*gans, cans*) seinen Ursprung in einem älteren, frk. Worte **gant-* haben.

Für fr. *jatte* Napf, Schüssel ist ein frk. **gabita* zu supponieren. ahd. *gebita, gebiza, gepiza.* mlt. *capita* Gefäfs, Efsgeschirr. *ga* wurde anlautend in der franko-roman. Periode der fr. Spr. zu *ja.* Vgl. *joie* = gaudium. *bt* (**gabta*) wurde = *tt* wie in *dette* = debitum.

Fr. *jardin,* mdartl. *gardin.* got. *garda.* ahd. *garto, carto* kann wegen seiner Tenuis t nicht Etymon sein. frk. **gardo. ga* = *ja* vgl. *jatte.*

Fr. *gratter* kann nicht aus ahd. *chrazzôn* kratzen hergeleitet werden, sondern nur aus einem fränkischen, noch die Dental-Tenuis aufweisenden Verbum: **gratjan, *grattan.* fr. Bildungen von *gratter: gratin* scharre. *égratigner* kratzen. afr. *gratuser.*

Fr. *garde, garder* wache, bewachen liegt nicht ahd. *warta* und ahd. vb. *wartên,* sondern frk.**warda* und **wardôn* zu Grunde. Afr. Kompositionen: *esgarder. angarde, engarde* Vorhut aus lat. Präpos. *ante* und *garde.*

Pr. fr. *garnir* verwahren ist nicht vom ahd. *warnôn* sich vorsehen vor abzuleiten, da dieses **garner* ergeben haben würde, sondern vom frk. **warnjan.* it. *guarnaccia.* fr.**garnache* Überrock.

Afr. *gastir* verwüsten — frk. **wastjan.* abgel.: afr. *guastine* Wüste. *Livres des rois.* (*Le Roux de Lincy.* 103.) Adj. *gastin. Chans. d. Saxons. Michel.* I, 209. Nicht so gewifs ist der deutsche Ursprung von *gâter* verderben. Das mhd. *wasten* eher Fremdwort.

Afr. *enganer* betrügen. frk. **gámanon* spielen, scherzen. Dasselbe läfst sich gut zu dem in frk. Eigennamen (*Gamone. Gamanulfus. Gam-ardus*) erhaltenen **gaman*-stellen. Vgl. ahd. *gáman* gaudium. *mn* wird allerdings meist zu *mm,* jedoch hat man in fr. Eigennamen, in denen frk. *-ramn* ein Glied bildet, dieselbe Erscheinung: *Engelrans* (*Mousk.*) *Engeran.* Vgl. auch das it. *inganno* und afr. *fenne* neben *femme* aus femina und *colonne* — columna. In den Auslaut tretendes *mn* konnte im Fr. nur *n* geben. Die Schreibung *enganer* steht unter dem Einflusse von *engan* und zeigt *n* statt *nn* wie *nonains* nonne und *empener* (*Rol.* 439.) etc. *nn* hat sich zu *n* wie *rr* zu *r* in *tarir* dörren — frk. **þarrjan* vereinfacht.

Afr. *randir* andringen — frk. **randian. randon* pr. fr. = Ungestüm im Kampfe — frk. **rando* Schildbuckel, Rand. ahd. *rant*.

Fr. (mdartl.) *tache, tasque, tasse*. it. *tasca* Tasche. *Grimm* G. d. d. Spr. p. 554. vgl. zur *L. Sal.* p. VIII. deutet das malbergische *texaca, taxaca* Diebstahl aus ahd. *zascôn* raffen, rauben: *táxaca* konnte sich in **tasca* vereinfachen und aus der Bedeutung ‚Raub' in die des Behälters, in den man ihn steckte, übergehen. ahd. *tasca, tascha, dasga* Tasche.

Afr. *aramir, arramir* gerichtlich zusichern, bestimmen. Z. B. *aramir bataille* eine Schlacht ansagen in Beziehung auf Zeit und Ort. Nach *Müllenhoff* zur *L. Sal.* p. 277 bedeutet das salfränk. [*ad-*] *hramire*-arripere, während *Grimm* das got. *hramjan* ans Kreuz heften, dann überhaupt ‚bestimmen' damit vergleicht. In merowingischen Urkunden z. B. *Tardif* Urkunde Nr. 30 aus dem Jahre 692 tritt das Verbum auch mit dem specifisch fränk. *ch* im Anlaut auf: [*ad-*] *chramissit*. frk. **chramjan*.

Afr. *baudré;* fr. *baudrier* Gürtel, Degengehenk läfst auf frk. **baldric* schliefsen. mhd. *balderich, palderich* Gürtel. zsgs. afr. *esbaudré* Mitte des Leibes; eigtl. Gürtelstelle. (Auch einfach *baudré. Gaufrey.* p. 46, 8.)

Fr. *grappin* Anker. sp. pr. *grapa* Klammer, Kralle. it. *grappa, grappare, aggrappare* zeigen im Gegensatze zu fr. *agrafe* die niederdeutsche Lautstufe an. ahd. *chrapfo*. frk. **crappo*.

Fr. *drasche* Hülsen, Schoten nach *S. Bugge Roman.* III. 147 aus einem deutschen **drastja* [dieses Wort kann seinem Lautstande nach sehr wohl ein frk. sein.] = ags. *dærste* faex. ahd. *trestir, trester* was von ausgepressten Früchten übrig bleibt, Hülsen und Kerne, Bodensatz. Diese deutsche Grundlage ist jedoch nur unter der Bedingung anzunehmen, dafs eine fr. Form **drasse* neben *drasche* existiert; dieselbe ist uns in den vorhandenen afr. Denkmälern nicht überliefert. lat. *tj*. hatte schon in der gallo-römischen Periode der fr. Sprache begonnen vor Vokal als Sibilant gesprochen zu werden. Der Sibilant hinter Kons. etwa = č verband sich in diesem Falle mit dem voraufgehenden *s* zu *sch*, das aber zu fr. *ss* seit ältester Zeit geworden ist. Vgl. angustia = fr. *angoisse* durch vorlitterarisches *angoische* zu *angoisse*. Vgl. it. *angoscia*. Das afr. *sch* weist sicherer auf den Ausgang *-sca*. So lange also eine Form *drasse* nicht nachgewiesen ist, wird man an dem Etymon *drasca*, ahd. *dresca* dresche, tritura festhalten müssen; *drasche* würde dann eigtl. ‚ausgedroschenes' bedeuten. In diesem Falle wäre es allerdings nicht fränkischen, sondern ahd. Ursprungs, da das frk. Wort jedenfalls *thrasca* lautete. Vgl. afr. *tresche* Reihentanz. Vgl. got. *þrask* Tenne.

Afr. *faude* Schafstall — frk. *falda. ahd. *falta. ags. *fald. engl. *fold* Hürde.

Afr. *gandir* sich retten, ausweichen. frk. *wandian. ahd. *wentan, wenten.*

Fr. *gauche* links. frk. *walki. ahd. *welc, welch* weich, schwach. [Die linke — die schwache Hand!]

Afr. *gualt, gaut, gal* Wald. Abgel. *gaudine* Gehölz. frk. *walth. ahd. *wald, walt*. Wegen des Wechsels von fr. *t* und *d* vgl. *brant* und *brander, brandiller.*

Fr. *hallier* Busch, Gesträuch ist fränk. Ursprungs. *L. Sal.* 41, 4: aut de ramis aut de *hallis* super cooperuerit. Da die Mehrzahl der Hss. *callis* für *hallis* liest, nimmt *Diez* et. Wb. S. 610. Anstofs an diesem Etymon. Aber die Schreibung *c* für *h, ch* ist in den frk. Urkunden ganz gewöhnlich. Es ist also unnötig das ‚*hasla*' ramus der *L. Rip.* heranzuziehen.

Afr. *hardier* reizen, necken ist von dem fr. Adj. *hardi* abgeleitet. S. 111.

Afr. *halberc, hauberc.* nfr. *haubert* Panzerhemd. ahd. *halspirc, halspirga, halsperga* Panzerhemd. Eigtl. das den Hals bergende. frk. *halsberg*. Wegen des *t* vgl. *Estrabort. s* zwischen *l* und *b* verstummte.

Fr. *safre* gefräfsig. *Grimm* zieht got. *safjan* schmecken *safareis* Schmecker heran. frk. *safar-.*

Fr. pr. *tarir* dörren. ahd. *derran, derren*. got. *ga-þairsan* dürr sein od. werden. frk. *þarrjan*. Wegen der anlautenden fr. Tenuis, die sich nur aus frk. þ und nicht aus der ahd. Media erklärt, sodann wegen des nichtumgelauteten *a* muſs das Eindringen dieses Wortes in die fr. Sprache spätestens in das Ende des VIII. Jhs. gesetzt werden. Wegen der Vereinfachung der Gemination *rr* vgl. auch die von *nn* in *enganer*.

b) **Fr. fr. a in der Vortonsilbe verlangt frk. a vor einfacher Konsonanz, wie bei den lat. Wörtern (vgl. fr. palais = lat. *palatium*).**
Eigennamen: *Harald* — Har(o)ald. *Alelme* — *Alhelmo. **Appellativa**: afr. *falise* Klippe, Fels. ahd. *felis* und *felisa*. fr. *falisa. nfr. *falaise*. Desgl. Name einer Stadt in der Normandie: *Falaise*. Wegen des nicht umgelauteten *a* muſs dies Wort vor dem Jahre 800 in das Fr. eingedrungen sein. Vgl. Accentversetzung.

fr. *graver* eingraben, einprägen. abd. *graban, craban, crapan*. frk. *grabhan. (Weiche Spirans!)

Afr. *haver* an sich ziehen. ahd. *habên, hapên* halten. frk. *habhan. Wegen des fr. *v* vgl. noch *huvet*. S. 80.

c) **Deutschen freies, betontes a ist im Fr. erhalten (mit Ausnahme: s. unten hadir und Anm.[1]) im Gegensatze zu lat. a = fr. e. (Z. B. mer = *mari*.)**
Eigennamen: *Gillemars* (*Mousk.*) — Gislemarus. *Guillemar*. — Willemar. *Gommerat* (südfr.?) — *Gomerad.

Die hierhergehörigen **Appellativa** sind mit Ausnahme von *haïr* solche Wörter, die sich nicht durch specifisch frk. Lautcharakteristica (nicht umgelautetes *a*, Media für ahd. Tenuis, Tenuis für ahd. Aspir.) als frk. dokumentieren, sondern ihrem Lautstande nach ebensowohl ahd. sein können. Da lat. *a* in die *e*-Reihe in frk. Zeit eintritt, muſsten freie frk. *a* ebenfalls *e* geworden sein. Dies ist der Fall bei

afr. *hadir* hassen, nfr. *haïr*; daher wohl dem Frk. entnommen. got. *hatjan*. ahd. *haʒʒôn*. frk. *hatjan. Die 2. u. 3. Per. Sg. Ind. Präs. lauten im Afr. auch richtig: *hes, het* = nfr. *hais, hait*. afr. Sbst. *hé*. Abgel.: *haior* u. *haïne*. nfr. *haine*. In der afr. Media

---

[1] *Hardré* — Hardradus.   *Fourré* — Fulradus.   *Eldré* — Aldradus.

sieht *Diez* einen Beleg dafür, dafs germ. Tenuis manchmal im Rom. zur Media herabgesunken sei. Weitere Belege sind nicht vorhanden. Die üblichere Form *haïr* setzt den regulären Schwund des intervok. Dental voraus. Sollte hier vielleicht der frk. Stamm **hadu* mit der dem hassen verwandten Bedeutung ‚Kampf' eingewirkt haben? Vgl. *guider-*wîd*. Der Umstand, dafs dem Provenzalen das Wort fremd ist, spricht besonders noch für frk. Abkunft desselben.

d) **Auch freies, betontes fr. a in Wörtern mit frk. Lautstufe entspricht frk. a vor l; vgl. fr. tal und tel aus** *talis;* **mal u. mel aus** *malum.*

Afr. *salle* Besuchzimmer. as. u. ahd. *seli.* frk. **sali,* das ‚Wohnung' überhaupt bedeutet haben mag wie im Afr.

e) **Fr. a vor n läfst wie auf lat. e, i und a vor nasal + kons., so auch auf frk. e vor n und i + n. neben a + n + kons. schliefsen.**

Eigennamen: *Béranger* — *Beringari. *Audebrand* — *Aldebrandus. *Robant* — Chrodo-bandus. *Landry, Landoul. Moland* — Madel-andus. *Roland*.

Appellativa: afr. *ranc* kreuzlahm. Vgl. got. *vraiqs* krumm. frk. **renk*. nhd. ver-*renken. i + n:* vgl. fr. *rang, ranger* und *harangue. brelan, brelander.*

Hierher gehört auch fr. *en = an* aus frk. *i + n: Engelier* (*Rol.*) — *Ingelhari. *Englebert* (*Mousk.*) Ingelbert etc. fr. *ain* aus *-i n: Ghilain* (*Mousk.*) — Gisl-win. *chambrelain.* S. 66.

f) **Fr. a entspricht endlich dem frk. Diphthongen ai in unbetonter Silbe, ausnahmsweise 2 mal auch in der Tonsilbe. Das Lat. hat keine Wörter von dieser oder ähnlicher Form.**

Eigennamen: *Ambert* — Aimbertus. *Rambaut* — Raginbaldus — Raim-baldus. *Galerand* (*Mousk.*), *Gallerant* (*Girb. d. M.*) — *Gail-ramnus. *Galfré* — *Gail-frid.

Appellativa: afr. *gaagner;* nfr. *gagner* gewinnen. *gaagner = *gadagner* aus frk. **waidanjan;* nicht vom ahd. *weida* Weide, Jagd. afr. *gaaigner* das Feld bauen. Sbst. *gaagnage, gaaignerie* bestellter Acker, Ertrag. Hält man an dem deutschen Ursprung dieses Wortes fest, so mufs man ein frk. vb.*waidanjan supponieren. Vgl. *Wackernagel. afr. Lieder.* S. 156. Die Verba lat. Abkunft wie *accompagner* setzen Nomina auf -ain [mit *aneus* gebildet] voraus wie *compains*, von *waida* aber war ein Adj.; + *aneus* nicht bildbar. S. Rom. Ztschr. III, 265, wo auch *épargner, lorgner* etc... auf *sparanjan, *luranjan zurückgeführt werden.

Fr. *avachir* (nur refl. *s'avachir*) erschlaffen setzt, wenn es germ. Ursprungs ist, ein frk. vb. *waikjan voraus. ahd. *weichan* erweichen.

Fr. *drageon* Schöfsling (dem gleichfalls deutschen *bourgeon* sinnverwandt.) got. *draibjan* treiben. frk. *draibjan. frk. Herkunft liegt um so näher, als das Wort nur im Nordfr. und nicht im Pr. heimisch ist.

Afr. *fradous;* pr. *fraidel (fraidits* Part. zu *fraidir.) fradel* ruchlos, gottlos. ahd. *freidic* profanus, apostata. frk. *fraidig.

Fr. *havir* versengen. ahd. *heiên brennen. frk. *haiôn. Das v ist nach *Diez* eingeschoben, um den Hiatus zu tilgen oder um das Wort von *haïr* hassen zu unterscheiden. Zu Gunsten des frk. Etymons spricht auch besonders der Umstand, dafs es für die fr. Endung -*ir* ein -*iôn* gewährt.

Zwei Wörter frk. Abkunft, in denen a für ai in der Tonsilbe steht, sind:[1])

1. Afr. *ham*, nfr. *hameau* Weiler. got. *haims*. ahd. *heim.* frk. *haim.

2. Fr. *gale* Munterkeit; *galon* Borte, Tresse. Adj. *galant* artig. afr. vb. *galer* Feste feiern. mhd. *geile.* frk. *gaila. got. vb. *gailjan* erfreuen. frk. *gailjan.* Nach *Diez* scheint das Wort *gale* im Fr. des XII. und XIII. Jhs. noch nicht vorhanden zu sein. Wäre dies erwiesen, so würde der Vokal *a* in *gale* nicht zu erklären sein, und ein andres Etymon gesucht werden müssen. Das afr. vb. *galer* ist entweder eine fr. Bildung aus dem Subst., oder man mufs sein Eindringen in die fr. Spr. in eine Zeit verlegen, wo einerseits in der fränk. Mundart der Diphthong *ai* noch als *a* + *i* gesprochen wurde, (ahd. *geilî* mit Aussprache *e* + *i*) andrerseits das Ableitungssuffix i im Inf. (*gailjan-gailan*) geschwunden war. Vgl. *suinter* — ahd. *swizzen*; frk. *suitjan* — *suitan*.

---

[1]) Das verwandte lat. *ae* war schon in vulgärlatein. Zeit *ę* geworden.

II. Fr. gedecktes e

a) entspricht fr. ę vor mehrfacher Kons., manchmal fr. freies ę = frk. e vor einfacher Kons., also ist frk. ę = lat. ę entwickelt.

Eigennamen: *Herbert* — Haribert. *Hubert* — Chugobercth. etc. *Alelme* — *Alhelmo.[1])

Appellativa: fr. *feutre* Filz. ahd. *filz*. ags. engl. *felt*. frk. *felt. Nach *Diez* wird nicht selten dem t ein r angefügt; das r ist hier aber gemeinrom. mlt. *filtrum*. Nebenformen mit ia und a vor l, resp. u: *fiautre*. Dazu das afr. vb. *fautrer* prügeln.

Afr. *fres*. Fem. *fresche, fresce*. nfr. *frais*,[2]) worin ai nur eine andre Schreibung für ę ist. ahd. *frisc, frisg*. ags. *fersk*. frk. *fresc.

Afr. *gelde*. pr. *gelda* Trupp, Fufsvolk. mlt. *gelda* congregatio. ahd. *gelt, kelt* Zahlung, Lohn. as. *geld*. frk. *gelda. afr. auch *gueude*. gu = g.

Fr. *lecher* lecken. afr. *lecheor* Leckermaul. ahd. *lekhari* Fresser, Schmarotzer. vb. *lechôn*. frk. *leccaro. vb. *leccôn.

Fr. *bedeau* Küster. ahd. *pitel, pital* Bittel, Werber. mlt. *bedellus*. frk. *beddel.

Afr. *especke, fr. épeiche* Specht, pic. *épèque* ahd. *speh* und *speht*. frk. *speccâ.

Fr. *brèche* Bruch, Scharte. vb. *ébrécher*. ahd. *brechâ, prehhâ* Instrument z. Brechen. fr. *breccâ, *breccan.

Afr. *trescher* tanzen; sbst. *tresche* Reihentanz. ahd. *drescan* droschen, eigtl. mit den Füfsen trampeln. got. *þriskan*. frk. *þreska, *þreskan.

Gedecktes fr. ę ferner in *gleton* Klette.

---

[1]) *Gobiert, Norbiert* (Mousk.) haben der Lautregel nach ie, weil sie picardisch sind.

[2]) Afr. *fres*, nfr. *frais* Ausgaben kann nicht aus *fredum hervorgehen; (vgl. *D'Arbois de Jubainville. Rom.* I, 143) dieses hätte *froi* entwickeln müssen. Vgl. *Godefroi, beffroi*. Es setzt e + Doppelkons. voraus. Vielleicht ahd. *frêht* Verdienst?

b) **Fr. freier e = frk. e: (ohne Analogie im lat. fr. Wortschatz).** Afr. isnel. afr. ber.[1])

Afr. *gehir* confesser nicht v. ahd. *jehan*, sondern v. frk. **gehian?*

c) **Fr. e = fr. I + Doppelkonsonanz und vor einfachem Nasal, wie fr. e aus lat. gedecktem I, z. B. lettre = *litterae*.**[2])

Eigennamen: *Heudri* — Hilderic. *Seheut, Seneheut, Nateut* — Sighild, Sigonhild, Nanthild.

Appellativa: afr. *helt, heut* Schwertgriff v. frk. **hiltâ.* ahd. *helzâ*, mhd. *helze* dass. it. *elsa* hat *e chiuso*, weist also auf ĭ. afr. vb. *enhelder, enheuder* mit einem Griffe versehen. Dazu Nebenform *enheudir*, das in *Godefroys* afr. Wb. in derselben Bedeutung belegt ist wie *enheuder*. Es verknüpfen sich aber mit *enheudir* weitere Bedeutungen, nämlich die von: versehen mit, zubereiten, veranlassen, verlocken. Vgl. *Scheler:* Enf. Ogier. 764.

Afr. *grèche* nfr. *crèche* Krippe. ahd. *chrippea.* frk. **krippea.* Die Sibilierung des germ. *pe, pi = pj = ch*, die in der frankoromanischen Periode der fr. Sprache vor sich geht, ist das Kriterium für die Aufnahme des Wortes *krippea in die fränkische Sprache zu frk. Zeit.

Afr. *herde, herdier* Herde, Hirt. got. *hairda.* ahd. *herta* Herde. got. *hairdeis.* altmhd. *hertâre* u. *hirtere.* frk. **hirda, *hirdâri.*

Fr. *tette, teton* Euter. mhd. *zitze* weibliche Brust. ags. *tite, titte.* frk. **tittâ.*

Ferner gehören hierher folgende fr. Wörter, deren Herkunft aus dem Frk. wahrscheinlich, aber nicht beweisbar ist, da sie specifisch fränkischer Lautcharakteristica ermangeln:

guerre, guerredon, renge, leste, lêche, sen, sené, eschern, fel, felon.

---

[1]) Afr. *ber, baron; baronie, barnie; embarnir* kräftig werden. *ber* urspr. = mann, ggstz. Weib. Dann = der Tapfere; *baron* vasall. Vielleicht zu frk. *bairan tragen. *bairo Träger, dann = starker Mann. Zu d. Übergang von *e* zu *a* vor *r* vgl. lat. *per* in *pardon.* Dtsch: *garou* — **werwulf. escharnir. garbe. Isembart* — Isembert. *Armengaud* — Ermenwald.

[2]) Vgl. jedoch fr. i = frk. i vor Doppelkonsonanz.

III. Fr. i

a) = frk. i vor Doppel-Konsonanz: n + kons.; rr, cc u. s. w. wie lat. î in geschlossener Silbe. (ville-*villa*.)

Eigennamen: *Grimbert, Grimault; Gonnil* —*Gundhilde.¹)

Appellativa: fr. *blinder* verdecken. Sbst. *blindes* Blendwerk. ahd. *plint*. Vb. *plenden*. frk. *blindan* blind machen. Fr. *guinder* aufwinden. Sbst. *guindre* die Winde. ahd. *wintan*. frk. *windan.
Afr. *eschirer* zerkratzen. ahd. *skerran*. frk. *skirran*. zsgs. *déchirer*.
Fr. *suinter* ausschwitzen. ahd. *swizzen*. frk. *suitjan*. mit eingeschobenem *n*. *suinter* muſs zu einer Zeit in die fr. Sprache aufgenommen sein, wo das Fränk. das j hinter Kons. hatte schwinden lassen. Vgl. *galer* — frk. *gailjan* — *gailan*.
Afr. *eschipre* Schiffer. ahd. *skif*. frk. *skip*, *skippar* oder normannisch?
Fr. *tirer* ziehen. afr. *tiracer, tirasser*. Sbst. *tire*. afr. *attirer* ordnen. got. *tairan*. ahd. *zerran*. frk. *tirran*.
Fr. *tricher* betrügen. ahd. *trechan*. frk. *triccan*.

Fr. i

b) = frk. î, wie fr. i = lat. î. (Z. B. ris. = lat. *risum*.)

Eigennamen: *Heudri* — Hilderic. *Tierris* — Theudericus *Aubri* — Albric etc. *Guibert* — Widbert. *Isembart* — Isembert.

Appellativa: fr. *guide, guider* Führer, führen. *guidon* Fahne. Mit der im fr. üblichen Synkope des intervok. d im afr. *güier*. got. *wîtan* beobachten, frk. *wîtan*. Wegen seines î sowie wegen seiner Tenuis ist dieses Etymon nur mit Bedenken anzunehmen, wenn nicht gänzlich abzuweisen. Da die Media allgem.-rom., ist es bedenklich, die Umbildung von *t* zu *d* anzunehmen. Liegt vielleicht eine Einwirkung des Stammes *wid*, ahd. *wit* weit vor? vgl. *hadir*.

Ferner frk. i in *guise, liste, rimo, arriser, estrif, gris*.

Fr. *rider* kräuseln, runzeln. Sbst. *ride* Runzel. Daher *rideau* Vorhang (weil er Falten wirft. *Caseneuve*.) ahd. *ridan*. winden, drehen. frk. *wridhan*.

---

¹) Vgl. jedoch II. c. fr. e = frk. I + Doppelkons: *Heudri, Seneheut*.

Afr. *bridel*, nfr. *bride* Zaum. ahd. *prittil.* frk. **briddil.*
Fr. *if* Eibe, Taxusbaum. ahd. *iwa* Eibe. frk. **iva, iwa.*
frk. *w* hatte lautliche Geltung des Kons. *u*, für das der Romane *f* einsetzte.
Fr. *ribaud* Lotterbube. *ribaude* freche Dirne. ahd. *hrîpâ* prostituta. frk. *hrîbâ mit Suffix -*ald.* fr. *riber* Weiber verführen.
fr. *mite* Milbe. ahd. *miza* Mücke, culex. frk. **mitta.*
Fr. *riche* reich. ahd. *richi, rihhi.* frk. **riki.* Vgl. damit die fr. Eigennamen auf -*ri*.
Afr. *esclier* spalten. ahd. *slizan* dass. frk. **slitan,* **sclitan.*
Afr. *eschiter* besudeln. ahd. *skizan* dass. frk. **skittan.*
Fr. *gripper* ergreifen. ahd. *grîfan, krîfan.* got. *greipan.* frk. **gripan, grippan.*
Fr. *guiper* mit Seide überspinnen. Daher fr. *guipure* feine Spitze. ahd. *wifan* in *bewifen.* got. *veipan στεφανοῦν* bekränzen, krönen. mhd. *weife* die Weife, Garnwinde.
Afr. *isanbrun* Stoff von brauner Farbe. frk. **isanbrun.* ahd. *prûn* braun. [1])

IV. Fr. o

a) **betontes fr. gedecktes ọ setzt frk. o vor mehrfacher Konsonanz voraus, wie fr. ọ in geschlossener Silbe = lat. ŏ in dieser Stellung. (port = *portus*.)**

Belege von Eigennamen fehlen.

Appellativa: afr. *estout* kühn. ahd. *stolz* superbus. frk. **stolt.* In der Vortonsilbe: fr. *rochet* Chorhemd. ahd. *roc* Oberkleid. Davon mlt. *roccus.* dimin. **roccettus.* frk. **hrocc.*

b) **Betontes fr. freies uẹ = frk. ọ vor einfacher Konsonanz, wie fr. uẹ = lat. ọ (z. B. cuer — *cor*.)**

Eigennamen: fr. *Auboeuf* — Adalbodus. *Gondelbuet, Gondebeuf* — Gundebod. *Maimbeuf* — Maginbod. *Tornebeut, Turnebeuf, Rutebeuf* etc.

---

[1]) Fr. *lisse* glatt; vb. *glisser* glätten. ahd. *lîse* sanft. frk. **lîsi.* Wie konnte sich aber *s* im Fr. verdoppeln? intervok. deutsches *s* bezeichnete einen weichen Laut. sp. pg. *liso.* sp. vb. *alisar.* lautete das frk. Wort vielleicht **lissi?*

Appellativa: afr. *faudestuet, faudestoet*; nfr. *fauteuil* Lehnsessel. ahd. *faltistôl, valtstuol*. frk. **faldistôl*. afr. *d* weist auf die fränk., nicht auf die ahd. Form hin.

Afr. *fuerre* Futter, Scheide. nfr. *feurre* Futter verlangt ein frk. **fôdar*. ahd. *vuotar, fôtar* Nahrung, Futter, Futteral. In den fr. Ableitungen tritt, weil vor dem Tone, *ou* ein: *fourrage, fourrure, fourreau, fourrier*; vb. *fourrer*.

Fr. *alleu* freies Erblehen. afr. *alued*. pr. *alodi, aloc, alo*. mlt. *allodium*. *Grimm* erklärt dies Wort aus **al-ôd* ‚ganz eigen'. Der Einwand *Müllenhoffs*, die Form müsse im Salfränk. **alaud* ergeben haben, ist berechtigt. Vgl. die mit **aud-* gebildeten frk. Eigennamen: Audebodo, Auderic, Audomund, Audemâr — fr. *Omer*. Das Wort mufs sehr früh in das Mlt. übergegangen sein und die rom. Gestalt ‚*alod*' angenommen haben.

Nfr. *leurre* Stück Leder, um den Falken damit zurückzulocken. Vb. *leurrer* locken, verführen. Das afr. Sbst. *loitre?* (*Gloss. Lill.*) und *loirre-loerre* sind dialekt. Formen; (pr. *loire* regelmäfsig gebildet.) mhd. *luoder* Lockspeise, Lockfalle führt auf ein frk. **lôdar* zurück.

c) Afr. o (uo), nfr. ou = frk. ǫ:

Fr. *brout* Knospe. pr. *brot*. ahd. *proz* Sprosse, Knospe. frk. **brott*, da fr. *t* auf frk. *tt* oder kons. + *t* hinweist. Ferner in fr. *houle*.

d) Afr. ǫ, nfr. ou weist auf frk. ǔ, wie auf lat. ŭ hin.
(Z. B. jour = *diurnum*.)

Eigennamen: afr. *Guiborc* — *Widburg. Raiborc,* — Ragiburg. *Marcou* — Marculf. *Raoul, Raou* — Radulf etc.

Appellativa: fr. *fourbir* glätten, putzen. ahd. *furpan, furban* reinigen, putzen. frk. **furbian*. pr. *forbir*. it. *forbire*. fr. *fournir* versorgen, ausstatten. ahd. *frumman, frummen*, as. *frummjan, frummëan* schaffen, vollbringen. frk. **frummjan*. afr. *fornir*.

---

¹) Fr. *goi* (in d. zsätzgen *vertu-goi, sang-goi*) kann man nicht, wie *Dies* tut, aus deutschem *god* ableiten; es erscheint als eine andre Form von *Deus*. Auch die Beteuerungsformeln: *morbleu, parbleu* sind als willkürliche Bildungen nicht auf lautgesetzlichem Wege zu erklären.

pr. *formir*, *furmir*, daneben auch *fromir:* Formen, die sämtlich auf ein Etymon mit *ŭ* hinweisen.

Fr. *écot* Baumstrunk. ahd. *scoʒ* und *scoʒʒa* Schofs, Schöfsling. Zu *scioʒan*. frk. **scutt*.

Afr. *tocher*, nfr. *toucher* berühren. ahd. *zocchôn* ziehen. frk. **tuccôn*. pr. sp. pg. *tocar*. it. *toccare*.

Fr. *tourbe* Torf. ahd. *zurba* und *zurf* caespes. frk. **turba*.

Afr. *horde* Schranke. *horder* schützen. nfr. *hourder* grob übertünchen. ahd. *hurt* Flechtwerk aus Weiden. lat. *crâtes* Flechtwerk. got. *haúrds* θύρα. frk. **hurda*. nhd. Hürde.

Afr. *garoul, garou, warou* — frk. **werwulf,* *werulf* Mannwolf, got. **vairavulfs*. mhd. *werwolf*. nfr. *loupgarou* Mensch, der Wolfsgestalt annehmen kann.

Fr. *bourg* kleine Stadt. *bourgeois* Bürger. afr. *borgois*. Zur Erklärung des *o* in *borgois* nimmt *Neumann:* „germ. Elemente" an, afr. und pr. *borc* reflectiere vielleicht unmittelbar eine germ. Form mit *o*, etwa got. *baúrgs*. afr. *borc* erklärt sich indes ebensogut aus dem frk. **burg*. ahd. *purg, purc*.

Afr. *borde* Hütte — frk. **burd*. got. **baúrd* Brett. ahd. *bort*. Daher fr. *bordel* urspr. Hüttchen. afr. auch fem. *bordele* schlechte Hütte.

Afr. *morne*, fr. *morne* düster, niedergeschlagen. fr. vb. *morner* (*Roquefort*). got. vb. *maúrnan* sorgen. ahd. *mornén* dass. frk. **murnan*.

Afr. *mordre*, nfr. *meurtre* Mord. afr. vb. *mordrir* morden — frk. **murdrjan*, nicht aus got. *maúrþrjan*, da fr. *d* germ. *d* verlangt, während deutschem *þ* (th) fr. *t* entspricht. S. Konson. Andrerseits mufste das frk. Wort das dem ahd. *mord* fehlende zweite *r* noch besitzen. frk. Sbst. **murdur*. got. *maúrþr*. nfr. *meurtre* kann in *il meurt* (*moritur*) seine Erklärung finden, also analogisiert sein.

Afr. *mainbour, mambourg* Vormund. afr. *mainbournie* Vormundschaft. frk. **mundboro*. ahd. *muntporo* protector, tutor. mlt. *mundburdium* u. *mundiburnium*, letzteres schon in Urkunden des 10. Jhs. vgl. *Diez.* et. Wb. ⁴ 362. Frk. **boro* zu **bairan* tragen. **mund* hand ist in das fr. *main* umgedeutet resp. übersetzt.

e) Fr. offenes o entspricht dem fränk. Diphthong au, wie lat. au; (z. B. chose = causa.) In der offenen Vortonsilbe nfr. und afr. [neben o] ou, wie lat. (Z. B. oïr, ouïr = lat. *audire*.)

Eigennamen: afr. *Ogier* — Audgari. fr. *Audigier* dagegen — Aldigari. *Offroy* — Audfrid. *Odard* -- Audhard. *Obert* — Audbert. *Odelant* — Audeland. *Osmond* — Ausomund.

Appellativa: fr. *bouter* stofsen. Sbst. *botte* Stofs. *bout* Ende, Spitze. *debout; aboutir* zu Ende gehen. *bouton* Knopf, Knospe. ahd. *pôʒan*. mhd. *bôʒen* stofsen. got. **bautan*. ags. *beátan*. frk. **bautan, *bauttan*. mhd. Sbst. *bôʒ* Schlag, Stofs. frk. **bautta*.

Fr. *galop; galoper* laufen nicht vom ahd. *kehlaufan*, sondern vom frk. **gahlaupan*. got. **gahlaupan*.

Afr. *loge* Hütte, Zelt. fr. *loge*. frk. **laubea*. mlt. *laubia*. ahd. *loubâ, loupâ* die Laube; *gallerie* ums obere Stockwerk eines Hauses. Im Ahd. ist vielfach, meist sogar das *j* hinter Kons. nicht mehr erhalten. Abgel. fr. *loger* herbergen. fr. *logis* Wohnung u. a. m.

Afr. *honnir* höhnen. ahd. *hônan, hônen*. got. *haunjan* erniedrigen. frk. **haunjan*. fr. Sbst. *honte* — frk. **haunitha*. ahd. *hônida, hônda* Schmach, Schande. Wegen fr. *t* = deutschem *th* vgl. Konsonantismus. Abgel. fr. *ahonter, hontoier*. — pr. *a* in a*nt*a, a*nt*ar erinnert an den german. resp. got. Diphthong *au*.

Fr. *robe* Kriegsbeute, Kleid. afr. *rober*, nfr. *dérober* rauben. ahd. *roubôn, roupôn*. as. *rôvôn*. got. *bi-raubôn*. frk. **raubôn*. Dieses Wort mufs später in die fr. Sprache gekommen sein, als *huvet, haver* und *graver;* nämlich zu einer Zeit, als in der fränk. Mundart die intervokale weiche Spirans b zur Media b (zum weichen Verschlufslaute) geworden war.

Fr. *lot* Anteil; afr. *lotir* das Los werfen, weissagen. ahd. *hlôʒ* zugeteiltes Recht od. Eigentum. got. *hlauts* Los. frk. **hlaut*. nfr. abgel. *loterie*.

Fr. *roseau;* pr. *raus* Rohr. Das pr. *au* reflektiert unmittelbar got. *au* wie auch in *raustir*. got. *raus* Rohr. Ist das fr. Wort fränk. Ursprungs, so mufs es bald nach der Invasion der Franken in die fr. Sprache eingedrungen sein, da die frk. Mundart wohl schon im Laufe des VI. Jhs. das weiche *s* in *r* verwandelte. (Vgl. *Gaiso-* = *Gairo-*.) ahd. *rôr*. vgl. *framboise*.

Fr. *rôtir*, afr. *rostir;* pr. *raustir* rösten. Nicht v. ahd. *rôstan* rösten. Die fr. pr. Endung *-ir* verlangt ein vb. auf *-ian:* frk. got. **raustjan.*

Afr. adi. *bloi, blou* (*Rol.* 12: marbre *bloi.* 1578: l'enseigne *bloie*) = nfr. *bleu* blau. ahd. *blâo, plâo.* ags. **blâv, *bleáv.* frk. **blâu, *blâw.*

Fr. *flou* matt. afr. *floi* altpic. *flau.* mnld. *flauw* schwach. frk. **flaw, *flau.*

Fr. *éblouir* blenden. Nicht vom ahd. *plôdan* schwach machen, sondern vom frk. **blaudjan.* pr. *esbalauzir* = got. *blauþjan* $\dot{\alpha}xv\varrho o\tilde{v}v$, abschaffen, eigtl. schwach machen. (got. *þ* = pr. *z.*)

Afr. *gorre* arm, mager. got. *gáurs* betrübt. frk. **gaur-.* ahd. *gôrag* gering, elend. nfr. mdartl. *gourrin* armer Schlucker. afr. *gourrer* bestehlen.

V. Fr. u

entspricht frk. û wie lat. û (mur = *murus.*)

Eigennamen: *Lebrun* — **brûn.* afr. *Hunaut* — **Hûnwald.* *Humbaut* — **Humbald.*

Appellativa:fr. *brun* dunkel, braun. ahd. *brûn, prûn.* frk. **brûn.* Dazu *isanbrun* Stoff v. dunkler Farbe.

Afr. *drut, drue* Freund, Freundin. Anlautendes *d* in diesem Worte ist allgemeinromanisch. Das ahd. *trût,* (frk. **trûd.* vgl. die damit gebildeten Eigennamen.) das man als Etymon supponiert hat, dagegen zeigt anl. Tenuis. Nur in einzelnen germ. Dialekten, hauptsächlich im Südfränk. lautet das Wort mit der Media an. Z. B. *Otfrid* hat: *drût.* Ferner begegnet sie in Eigennamen elsäss. Urkunden; auch in *Meichelbecks hist. Frising.* z. B. *Ratdrud, Baldrud*, daneben aber auch *Trudhari.* Vgl. G. Kossinna: „Über die ältesten hochfränk. Sprachdenkmäler" in *Quellen und Forschungen.* 46. Bd. S. 76. Man mufs daher annehmen, entweder dafs das Wort dem von *Müllenhoff* so genannten Südfränk. entnommen wurde oder dafs es überhaupt nicht deutschen Ursprungs ist. In einigen andren fr. Wörtern dtsch. Ursprungs ist anlautendes *tr.*, allerdings als Resultat eines germ. *þr* bewahrt. Vgl. *trescher, tricher.* Das fr. Adi. *dru* üppig, dicht und das Vb. *endruir* dicht machen scheinen zumal ihrer Bedeutung wegen besser zu dem gael. Adi. *drúth* ‚mutwillig' und zu dem cymr. *drud* ‚kräftig' zu passen. Das it. Adi. *drudo* verliebt, artig scheint in dieser seiner Bedeutung mehr zu der des Sbsts. *drudo* Geliebter hinzuneigen.

Fr. *bru*, in der alten Sprache *bruy* Schwiegertochter. got. *bruþs* dass. kann wegen des *þ* nicht Grundlage sein. frk. **brud*. nhd. *braut*.

Fr. *écurie* Stall. ahd. *skiura* und *scûra* Scheuer. mlt. *scuria*. frk. **scûrja*.

Afr. *huvet* Mitra. ahd. *húbâ* die Haube. frk. **húbhâ*.

Afr. *gruel*. nfr. *gruau* Grütze. ahd. *cruzi*. Für dieses Wort muſs germ. *ū* angesetzt werden. Aus *ŭ* hätte sich fr. *o* entwickelt. *Kluge* setzt in seinem et. Wb. der deutschen Spr. V *grūt* an. Demnach wird man als Grundlage dieses fr. Wortes frk. **grúti* annehmen dürfen.[1])

VI. Fr. *oi entspricht*

a) einem frk. ī + kons. wie lat. (foi = fīdem).

Eigennamen: *Godefroi — Godefrid. Hermenfroi. Audefroy. Amanfrois. Lanfroy* etc. (*Galfré, Matfré* sind prov.)

Appellativa: fr. *épois*. Plur. = oberste Spitze am Hirschgeweih. ahd. *spiȝ* Spieſs. frk. **spit*. Dieses frk. Wort liegt auch d. afr. *espoit* Stoſswaffe zu Grunde. Es fügt sich sowohl in die Form wie in den Begriff des afr. Wortes. S. *Scheler* Anhang z. *Diez* et. Wb. II. c. p. 761. S. ferner afr. *esteil* Pfahl u. fr. *berfroi*. S. 101.

b) einem frk. ê + kons., wie lat. ê. (croire = crēdere.)

Belege v. Eigennamen fehlen.

Appellativa: fr. *framboise* Himbeere. ahd. *brâmperi, prâmperi*. got. **basi* Beere. frk. **brâmbasi*. Am besten fügt sich

---

[1]) Die Ableitung des fr. *étuve* aus *stúba* ist unzulässig, da *û* in diesem Worte allgemein romanisch besteht. Vgl. it. *stúfa*. pg. *estúfa* etc. ebensowenig ist aber *stúba* von einem rom. *stúba* herzuleiten, da ahd. *û* das einzige Produkt aus rom. (lat.) *û* ist, wie *W. Franz* in seiner Dissertation. Die lateinisch-roman. Elemente im Ahd. Straſsburg. Trübner gezeigt ha:

das fr. Wort in die Form des nld. *braembesie*. Das anlautende *f* ist durch Einwirkung von *fraise* zu erklären.

Fr. *arroi; arréer, arroier* Zurüstung, zurüsten. *arréer* auch d. Feld bearbeiten. afr. *conroi* Ausstattung. *conréer, corroyer* Leder, Mörtel zubereiten. afr. *desroi, derroi* nfr. *désarroi*. afr. vb. *desroier* aus der Ordnung kommen. afr. *roi* Ordnung ahd. *rât* Vorrat, Gerät entspricht frk. **réd*. Vgl. Teil II der Arbeit: Fränk. Lautlehre. Aufser den genannten [gemeinroman.] Bildungen ist noch als speciell fr. zu erwähnen *agrei* Ausrüstung, Vorrat. *agreier* ausrüsten = vorgesetzter Partikel *a* und frk. **ga-rédan*.

c) als oi
einem frk. au + i, wie lat. (joie = *gaudia*.)

Belege von **Eigennamen** fehlen.

Appellativa: fr. *choisir* wählen. pr. *causir*. got. *kausjan*. schmecken, kosten, prüfen zu got. *kiusan* dass. frk. **kausjan*. Sbst. *choix*. Vgl. *Choisy* = lat. Causiacum.

Pr. fr. *croissir* knirschen. got. *kriustan* dass. davon abgel.: schw. vb. got. frk. **kraustjan*.

d) als oi
einem frk. u + unmittelbar folgendem nj: (ebenso lat.:
coin = *cuneus*.)

Belege v. **Eigennamen** fehlen.

Appellativa: afr. *brunie, broigne* Panzer. got. *brunjô*. ahd. *brunja, brunna, prunna*. frk. **brunja*.

Fr. *soin, soigner* Sorge, besorgen. In d. *L. Rip.* u. *Sal: sunnis*, auch *sunnia, sonia* = gesetzliches Hindernis. Grimm erkennt hierin ein frk. Wort **sunja* Wahrheit. as. *sunnea* Behinderung. ahd. *sunna, sunne*. [Die o-Formen der *L. Rip.* u. *Sal.* sind romanisiert.] fr. abgel. *besoin*. afr. *essoigne, essoine* Notwendigkeit. *essoigner* sich entschuldigen. afr. vb. *ensonnier* beschäftigen. *resoigner* fürchten.

VII. Fr. ai
a) primäres fr. ai entspricht dem frk. Diphthonge ai in der Tonsilbe.

Belege dieses *ai* in fr. **Eigennamen** germ. Herkunft nur in der Vortonsilbe, wo es = *a*. cf. Fr. a. f.) In der Tonsilbe: *Gaides*, [*Gaydon*]?

Appellativa: afr. *gaide, waide*, nfr. *guède* = waid, eine Pflanze. Mit Einschiebung eines s: mlt. *waisda, guasdium, guesdium*. ahd. *weit* ein Färbekraut. ags. *wâd*. frk. *waida.

Afr. *wai*, nfr. *ouais* interj. as. ahd. *wê*. got. *vai*. frk. *wai.

Fr. *laid* häfslich. afr. Sbst. *lait*, vb. *laider* kränken. auch *laidir*. ahd. adi. *leid* betrübend. ahd. Sbst. *leida* Leid, Betrübnis. frk. adi. *laid. Sbst. *laitha. ahd. vb.: *leidan* leid machen. frk. *laidjan. fr. abgel.: *laidenge, laidengier*.

Afr. *faide* Feindschaft. adi. *faidiu* feindlich. ahd. *ge-fêhida* Fehde. Auch ahd. *fêhida*, dass. mlt. (i. d. leg.) *faida*, zsgz. aus frk. *faihida.

Lothr. champ. *gaie* davon dimin. *gaiette* Geifs, Zicklein. got. *gaits*. ahd. *gaiʒ, geiʒ*. frk. *gaita. henneg. u. wallon. *gate*.

Fr. *laie* durch den Wald gehauener Weg. ags. *lâd*. dass. an. *leidh*. frk. *laida. vb. *layer* z. B. un bois. Daher d. Ortsn. S. Germain en *Laye*.

Afr. *hairon*, nfr. *héron* (h. asp.) der Reiher. dimin. *aigrette*. (Mit abgestofsenem Hauchlaut) kleiner weifser Reiher. In Berry *égron*. ahd. *heigir*. frk. *haigiro.

Afr. *hait* Vergnügen. *haitier* aufmuntern. ahd. *heiʒ* Geheifs. got. *hait in *gaheit* Verheifsung. an. *heit* Gelübde. frk. *hait. (*Dies*: „auch aus lat. *votum* wurde die Bed. Wunsch gezogen".) zsgs. *deheit* Niedergeschlagenheit. vb. *déhaitier*. *souhait* Wunsch. *souhaiter*.

Fr. *rain* Grenze z. B. de bois. mhd. *rein* = nhd. *rain* abgrenzender Bodenstreifen. an. *rein*. frk. *rain.

Fr. *raise, rèse* (vgl. *gaide, guède*) Kriegszug. ahd. *reisa* dass. *frk. *raisa.

Fr. aï = frk. ai in

afr. *gaïn*, nfr. *regain* (zsgs.) Grummet. frk. *waid — mit roman. Suffix.

b) **secundäres fr. ai (Diphthong) entspricht**

a) einem frk. a + gutt. kons., wie lat. (fait = factum.)

Belege von **Eigennamen** fehlen.

Appellativa: fr. *taisson* Dachs. it. *tasso*. ahd. *dahs*. mlt. *taxus* aus frk. *thahs. S. Konsonantismus. S. 88.

Fr. *abait* für *ambait* die Beamten des Königs. ahd. *ampahti* u. *ambaht* = mhd. *ambet*, = nhd. *amt*. got. *andbahti*. frk. *andbahti. mlt. *ambactia*. (*c* = *h*.) [Aus dem letzteren: fr. *ambassade*. it. *ambasciata*.]

Afr. *gaite* Wache. vb. *gaitier*, *agaitier* wachen, beobachten. got. *wahtvô*. ahd. *wahta*. frk. *wahtâ. vgl. *wacta* (*ct* lat. Schreibung = *ht*) in den *Decr. Chl.* c. 1, LL. I. 11: decretum est, ut qui ad vigilias, hoc est ad *wactas* constituti nocturnas. *Richter, Annalen*. p. 136. Hierher gehören noch: afr. *guette*. nfr. masc. *guet* Wache. Fr. *guetter* anschauen, lauern. fr. *aguet* (nur noch im Plur. üblich) Lauer, daher afr. *daguet* (= *d'aguet*) heimlicher Weise. — afr. *eschargaite* Späher, Wächter = frk. *skarwahtâ. vb. *eschargaitier*. nfr. (aus d. afr. Worte entstellt) *échauguette*.

β) einem frk. a + gutt.

Eigennamen: *Mainfroi* — Maginfrid. *Rainfroi*-Raginfrid. *Raimbert* — Ragimbert. *Raimond* — Raginmund etc. *Aimard* — Agimar.

Appellativa: fr. *haie* Hecke, afr. vb. *hayer* einzäunen. ahd. *hag, hac*. frk. *hagu, *haga?

Afr. *esmaier, esmoyer* mutlos werden. Sbst. *esmai* (mdardl. *emoi*.) = lat. *ex* und frk. *magan, *magin. altmhd. mhd. *magen* = Kraft, Macht.

γ) einem deutschen a + einfachem Nasal: s. afr. *graim* S. 101.

δ) fr. aï = frk. a + dental. (d.) in den afr. **Eigennamen:** *Aïmer* — *Hadimer. *Aïmes, Haïmmes, Aïmon*-Hadimund.

VIII. Fr. ie

a) der fr. Diphthong ie entspricht einem frk. a (sowohl ă, wie â) vor r + i, gewöhnlich in der Endung -ari (âri). Hier liegt Suffixvertauschung vor mit dem roman. Suffix -erius = -arius.

Eigennamen: *Gonthier* — Gunthari. *Bernier* — Bernhari. *Richier* — Richari. *Engelier* — Ingelhari. *Augier* — Adalgari. *Ogier* — Audgari. *Audigier* — Aldigari. *Amangier* — Amangari.

Appellativa: afr. *eschière* Schar, Heeresabteilung. ahd. *scara* dass. frk. **scarja*. afr. vb. *escharir* zuteilen, absondern. ahd. *scerjan* einordnen, zuteilen. frk. **scarjan*. mlt. *scarire* bestimmen. afr. *escherie* Los, Schicksal. ahd. *scerida* Bestimmung. frk. **scarida*.

Afr. *haschière* Strafe. ahd. *haramscara, harmscara, haramskara* beschimpfende, qualvolle Strafe. frk. **haramscaria*. mlt. zsgz. *hascaria*.

Afr. *herdier*. S. S. 74. *épervier*. S. 102.

b) **Fr. ie = frk. betontem freiem ę, wie lat. (bien = bĕne.)**
Belege von **Eigennamen** fehlen.
Afr. *mies, miez* meth. ahd. *metu, medo*. frk. **medo*. mlt. *mezium*. Das Wort müfste, wenn es überhaupt frk. Ursprungs ist, sehr früh aufgenommen sein, da das Frk. wohl schon im VI. Jh. die Media *d* für die weiche Spirans *đ*, aus welcher sich fr. *s, z* entwickeln konnte, hatte eintreten lassen.
S. noch *épier, eschiele, espier*. S. 102.

c) **fr. ie = frk. eu. (Vgl. X. afr. iu = fr. eu.)**
Eigennamen: (*neben ie auch i und e.*) Afr. *Lienars* — Leudonardus. Dagegen nfr. *Léonard. Tierri* — Theudericus *Thibal; Tedbald* (*Rol.*) — Theudebaldus.
Appellativa: afr. *espiet, espié* Jagdspiefs. pr. *espieut, espiaut*. ahd. *spioz, speoz, spiez*. frk. **speut*. vgl. *fiet = feudum*. S. *Suchier* (*Gröb.* Ztschr. I, 429.)

d) **Fr. ie = frk. ẹ, wie lat. (lié = laetus.)**
Fr. *bière* die Bahre. pr. *bera*. got. **bêra*. Man mufs ein frk. *ę* supponieren, da sich aus *â* (ahd. *bâra, pâra*) nie fr. *ie* entwickeln konnte. Das Frk. hatte vielleicht **baere* wie ags. *bære*. fries. *bêre*.

IX. Fr. au entspricht

a) **frk. a vor einfachem l (ohne Analogie im lat. fr. Wortschatz.)**

Fr. *gaule* Gerte. got. *valus* Stock. frk. **walu*. Der Umstand, dafs dieses Wort nur in Nordfrankreich erhalten ist, spricht besonders noch für seinen frk. Ursprung.

b) frk. a vor l + kons. Vgl. sauf = lat. *salvus*.

Eigennamen: *Audiffret, Aurri, Aubri, Auboin* etc. — *Aldifred* etc.

Appellativa: fr. *fauve*. S. S. 95.

X. Afr. iu

liegt frk. **eu** zu Grunde, das von den lat. Schreibern vielfach durch **eo** wiedergegeben wird.

Vgl. die mit -*leude*-, *theude*- [-*leode, theode*-] gebildeten Namen. Got. *iu*. ahd. *iú*. Vgl. afr. *Diu* neben *Deu, Dieu* — lat. *Deus*. *Mahiu* neben *Maheu, Mahieu*.

Eigennamen vgl. IX. c.

Appellativa: afr. *eschiu, eschiver* — frk. *skeuhan*. ahd. *sciuhen*.

Afr. *Tiedeis* (*Rol.*) *Thiois* = Allemands. adi. *tiois* — *þeudisk*.

Afr. *feu*, Plur. *feus*; *fiu, fius, fieus* (Rol.) *feu, fiu* (Brand.) Diese Formen weisen auf **faihu* hin, obwohl man frk. **fihu* er erwarten sollte. (Vgl. *tirer* — frk. **tirran*. got. *tairan*.) Die zweite Form *fiet* (*Rol* 472.) ist aus lat. *feudum* herzuleiten, „indem es sich parallel mit *Deus* entwickelte; wie *deu* zu *dé*, so konnte *fiéu* zu *fié* werden". Vgl. *Gröb*. Ztschr. II, 462. S. aufserdem IX. c. fr. *ie* = frk. *eu*.

II. Konsonantismus.

A. Dentales.

1. Fr. ģ entspricht

a) einem frk. **di, dj**: *gage, gager* — *wadia, *wadja; *wadian, *wadjan.

β) einem frk. **i, j hinter n**: (lat. grania — *grange*) *fange* — *fanja. frk. i, j, hinter r: (lat. cereus — *cierge*) *bourgeon* — *burio — *burjo-ún. *ésturgeon* — *sturio — *sturjo-ún.

γ) einem frk. inlautenden **be- bi- bj**, wie auch lat. **bi** (vgl. lat. rabies — *rage*.) *loge* — *laubea, *laubia, *laubja. *drageon* — *draibio — *draibjo-ún.

2. Fr. ch

a) = frk. **ti, tj hinter kons.** (vgl. lat. angustia — *angois-che — angoisse.* it. *angoscia.*) *drasche* — *drastja.

β) = frk. **pe, pi, pj.** (vgl. lat. propius — *proche.*) *crèche* — *krippea — *kripja.

3. Fr. t

a) frk. *þ, ð*; sowohl an = wie inlautend. **Eigennamen:** afr. *Tiebert; Tierri* = nfr. *Thierry.* afr. *Gontier* — Gunthahari. éin mal auch ausl.: afr. *Hersent* — *Herisuinth.* **Appellativa:** *taisson* — *þahs. *tarir* — *þarrjan. *trescher* — *þriskan. *tiois* — *þeudisk. inl.: *honte* — *haunida. *escherie* — scerida.

β) **fr. t** = frk. t im Anlaut; frk. tt im Inlaut; frk. **t im Auslaut nach Kons.** Vgl. lat. tempus — *temps.* gutta — afr. *goute.* altus — *haut.*

Fr. Eigennamen frk. Ursprungs: *Turnebeut. Berault, Grimbert* etc.

Appellativa: *tirer* — *tirran. *mite* — *mitta. *eschiter* — *skittan. *gleton* — *chletto — *cletto. — Fr. tt auch = frk. **labial** + t oder **gemin. t:** *jatte* — *gabta — *gabita. vgl. lat. debitum — *dette. gratter* — *grattan. **Im Auslaut nach Kons.:** *abait, balt, estout, gualt* etc. In 2 Eigennamen **t im Auslaut ohne vorhergehende Kons. erhalten:** *Gondelbuet* — Gundebod. *Gommerat* — *Gome-rat? — **Einfaches frk. t zwischen Vokalen wurde erhalten nach Einschub eines n in:** *suinter* — *suitan.

4. Fr. d

= frk. **d im Inlaute nach Kons.** (Vgl. lat. pendere — *pendre.*) *barde,* — *bard-. bande — *bandi. faude* — *faldo. gelde gueude* — *geld-. **intervok. fr. d** = frk. **dd im Inlaut:** *bedeau* — *beddel. bridel* — *briddil. **Im Anlaut:** *drasche* — *drastja. drageon* — *draibjo.

B. Gutturales.

1. **Anlautendes fr. i** = frk. **Ausl. c.** Vgl. *-ri* aus *ric* im 2. Gliede von Eigennamen: *Thierry, Ferry, Auberi, Ourri, Olery, Gonthery* etc. — Theuderic etc. Vgl. lat. amic-us-*ami.* Das fr. Adj. *riche* konnte sich nur so entwickeln, wenn die femin.

Form für die masc. mafsgebend wurde. Man mufs für *riche* eine frk. Form **rike* ansetzen, nicht ahd. *rihhi.*

2. **Fr. anlautendes ch und ǵ und inlautend nach c, r, n, s entspricht wie lat.**, so auch frk. k [a] und g [a] im Anlaut und im Inlaut nach jenen Kons. Vgl. lat. (*chose* = causa. *joie* = gaudia. *vacche* = vacca. *fourche* = furca. *tanche* = tinca. *mouche* = musca.)

Eigennamen: *Charles* = Caral. *Gerlol* = Garilulf. *Ogier* etc. *Archambaud* — Ercambald.

Appellativa: *choisir* — *kausjan. *jardin* — *gard. *jatte* — *gabita. inl.: *brèche* — *bricca. *tocher* — *tuccan. *tricher* — *triccan. *maréchal* — marahscalc. *sénéchal* — senescalc. *haschière* — *hascaria. *eschiele* — *scella. *tasche* — *tasca. *talmasche* — *talmasca. *laîche* — *lisca. *eschern* — *scirn. *échine* — *scina. *eschirer* — *scirran. *cusche — *cûski. *waschier* — *waskjan. *échevin* — scabinus. *franche* — *franca. *blanche* — *blanca. *banche* — *banca. *ganchir* — *wankjan.

In einigen Fällen ist ga im fr. geblieben: *gazaille* — frk. *gasalia. afr. *garbe*. fr. *gai*[1]) bunt, froh. Im Inlaut nach r: *emberguer*[2]) — *in — bergan. Das ist ein Kriterium für späteres Eindringen dieser Wörter.

3. **Anlautendes fr. gl** = frk. cl. Vgl. lat. (*glaire* = clarea) fr. *gleton* — *cletto.

4. **Fr. i**

a) = intervok. frk. g. Vgl. lat. (*paien* = paganus). fr. *haie, esmaier*. S. 84.

β) = frk. h vor t oder s. Vgl. lat. (*fait* — *faht = fact-um) frk. *ambait* — *ambaht. *guaite* — *wahta. *taisson* — *þahs.

5. **Fr. il** = frk. dl. Vgl. lat. (*vieil* = vet'lus.). fr. *haillon* — *hadalâ, *had'lâ.

C. Labiales.

1. **Inlautendes, intervok. fr. v** = frk. inl., intervok. b (= weiche Spirans?) vgl. lat. (*avoir* = habere): fr. *huvet* — *hûba. *haver* — *haban. *graver* — *graban.

---

[1]) Vgl. jedoch: fr. *geai* der Häher. S. 97.
[2]) Vgl. fr. *herbergier* u. *auberge*. S. 64.

2. **Fr. anlautendes und inlautendes b = frk. b:** (inl. hinter Kons.) *bourg, bourgeois* — *burg. *bourgeon* — *burjo. *blinder* — *blindan. inl.: *abait* — *ambaht. *tourbe* — *turb. Auch intervok. b geblieben: frk. *robe, dérober* — *rauba, *raubôn. **bj u. pj s. Dentales.**

D.

1. **Anlautendes fr. g, gu = anl. frk. w.** in Eigennamen: *Gautier* — Walthari. *Guiborc* — *Widburg etc. Appellativa: *garde* — *warda. *garnir* - - *warnjan. *gandir* — *wandjan. *gauche* — *walki. *gualt* — *wald. *gaagner* — *waidanjan. *gaide, waide, guesde, guède* — *waida. *gaite, guaite* — *wahtâ etc.
2. **Fr. v = inl. frk. w:** *épervier* — *spariwâri. Fr. — uv = frk. — lw. in: *fauve* — *falw —. Vgl. dagegen: *sauf* aus lat. *salv-us*.

F.

Fr. z = weichem fränk. s: *gazon* — *waso. *gazaille* — *gasalia.

G.

1. **Fr. m = frk. m** in dem afr. vb. *estormir* in Bewegung geraten, während es in dem dazugehörigen Subst., in den Auslaut getreten, zu n geworden ist: *estorn*.
2. **Fr. n für nn = frk. mn.** (Vgl. lat. columna — *colonne*, afr. *fenne* neben *femme* = femina.) Eigennamen: *Engerans* — Ingeramnus. *Engelrans* — Ingelramnus. Appellativa: *enganer* für *enganner = *in-gámanon.

B. Lautverlust.

I. Vokale.

1. Ausfall des Vortonvokals ist in zahlreichen Eigennamen belegt. Hier haben wir es indes nicht mit einer roman. Lautregel zu thun, sondern mit einer deutschen, nach welcher der Suffixvokal (— dieser ist zugleich der vortonige Vokal —) wie in der ahd. Periode zu schwinden beginnt: Leude-gari, Leud-gari — *Lethgier, Legier*. In fränk. Eigennamen ist er fast regelmäfsig

geschwunden, wenn das zweite Kompositionsglied mit einem Vokale beginnt. Auch sonst in folgenden Namen: *Aut-freda. Aut-bertus. Bert-fredus. Bert-reda. Trut-baldus. Grim-berctho. Laum-bertus. Mat-fredus. Rat-berto. Rat-mundus. Vualt-marus* Fast sämtlich aus dem Ende des VIII. Jhs. *Chrod-mundo.* 693 *Rat-berto.* 681. In einigen afr. Pers.-Namen frk. Ursprungs ist er andrerseits erhalten, ein Beweis, dafs bei dem Eindringen derselben das fr. Lautgesetz von dem Ausfall des Vortonvokals nicht mehr in Kraft war. Z. B. *Godefroi, Galeran.* (Mousk.) *Gondebeuf. Gondebaut. Boemond. Gommerat. Audigier* etc. Belege für fr. Appellativa frk. Ursprungs fehlen.

2. Den Ausfall des Nachtonvokals dagegen haben nach dem fr. Lautgesetze die auf der Antepaenultima betonten frk. Appellativa erfahren, ohne dafs hierfür in dem fr. Eigennamenmaterial ein Beleg zur Seite stände: i fiel aus in: *honte* — *haunida. *jatte* — *gabita. éin mal *a* in *enganer* (*enganner) — *ingamanon.[1])

II. Konsonanten.

1. Ausl. frk. d resp. t fällt ebenfalls nicht schon in fränk. Zeit, sondern erst im späten afr. ab in folgenden **Eigennamen**: *Godefroi, Hermenfroi, Lanfroy* etc. *Ansiau* — Ansoald; *Gondelbue* — *Gundelbod. *Gonnil* — Gundhild. **Appellativa**: *roi* Ordnung — *rêd. Comp.: *arroi, corroi, desroi. beffroi* — *bergfrid. *bru* Schwiegertochter — *brûd. *alleu* — afr. *alued. t* in *épois* — *spit. *espié* — *speut.[2])

2. Intervok. d und t fallen regelrecht, aber gleichfalls erst in fr. Zeit aus in folgenden Eigennamen: *Doon* — Dodo. *Doolin* — Dodolin. *Boemond* — Baudemund etc. in **Appellativen**: *laie* — *laida. *gaie* — *gaita. *esclier* — *sclitan. *gaagner* — *waidanjan. *gruel, gruau* — *grût-[el]. *haillon* — *hadalâ. — *mall-[public]* — *madal. Einfaches *d* ist gegen die Regel erhalten in afr. *fradous, fradel* verrucht — frk. *fraidig, weil hier an den Stamm neue Suffixe gefügt sind.

---

[1]) Eine Ausnahme bildet afr. *falise*, nfr. *falaise* — frk. *fálisa. Vielleicht fand hier Suffixwechsel statt?

[2]) Nicht abgefallen ist t in 2 Namen: *Gommerat* — *Gomerat. *Gondelbuet* — *Gundelbod.

3. **Ausl. f, auch lf fällt ab** in den mit *wulf gebildeten Eigennamen in fr. Zeit: *Gerlol, Landoul, Eurol, Raoul, Marcou* — Gari-l-ulf etc. und in dem Appellativ: *garoul, garou* — *werwolf.

C. Accentversetzung.

Aufser in dem schon erwähnten Worte *falíse*, frk. *fálisa, Fels tritt die Accentversetzung den französischen Lautregeln entsprechend ein in denjenigen fr. Wörtern deutschen Ursprungs die im Deutschen schwach flectieren: *fels, felón; bers, barón; drageón; bourgeón; ésturgeón; fanón; gonfanón; éperon; gletón, gleterón, glouterón; girón; gazón; taissón;* aufserdem in folgenden fr. Personen-Namen deutscher Abkunft, bei denen der fränk. Nominativ als afr. casus rectus fortlebte: *Berta, Bertain; Aïmes — Aïmon; Carles — Carlun; Drauges — Draugon; Gaides — Gaidon; Gui — Guion; Hues — Huon; Otes — Otun (Rol.).* —

Anhang.

1. Bemerkungen zur Wortlehre des fränkischen Elements in der französischen Sprache.

A. Deklination.

Zur I. fr. Deklination gehören folgende Subst. frk. Ursprungs:

auberge, herberge, banche, bande, barde, brèche, bride, eschiele, eschière, fange, faude, gaite, gante, gale, garde, gazaille, jatte, tache, drasche, salle, loge, falaise, herde, laie, faide, broigne, bière, gaule, rèse, haschière, espeche, tourbe, horde, borde, gaide, robe, gaie.

Fast alle gehören in der deutschen Grammatik der starken Deklination an; nur *broigne* Panzer — got. *brunjô.* sw. fem.

Zu der II. fr. Deklination:

if, jardin, lot, [loup]- garou, fauteuil, bedeau, brout, brant, drap, estal, gualt, mall- [public], roi, conroi, arroi, desroi, écot, épervier, eschipre, alleu, abait, souhait, dehait, hallier, feurre, leurre, soin, besoin, beffroi, roseau, mies, feutre.

Auch diese Sbst. sind mit Ausnahme von *jardin* — **gardo* (im Got. As. sw. m.) der deutschen starken Deklination entnommen.

Zur III. fr. Deklination:

ber, baron; fel, felon; gleton, glouteron; drageon; bourgeon.

Genus.

Ein nicht seltener Wechsel des Geschlechtes ist zu konstatieren, der aus fr. Sprachverhältnissen sich erklärt und keine Abweichung des Frk. von den übrigen deutschen Mundarten involviert.

1. Besonders sind frk. Mask. und Neutra im Fr. mehrfach Feminina geworden. So:

fr. *gaule.* f. — got. *walus.* m.
fr. *salle.* f. — as. ahd. *seli.* m.
fr. *falaise.* f. — as. ahd. *felis* u. *felisa.* m.
fr. *borde.* f. — got. *baúrd.* n.
fr. *guède.* f. — ahd. *weit.* m.
fr. *bride.* f. — ahd. mhd. *prittil.* m.
fr. *épeiche.* f. — ahd. mhd. *speh, speht.* m.
Afr. *gelde.* f. — as. *geld.* n.

Die Ursache dieses Geschlechtswechsels ist vielleicht darin zu suchen, dafs die begriffsverwandten Wörter roman. Abkunft fem. gen. waren.

2. Deutsche Fem. sind im Fr. Masc. geworden:

fr. *bourg.* m. — got. *baúrgs.* f. ahd. *purc.* f.
fr. *soin.* m. — as. *sunnea.* f. got. *sunja.* f.

3. Deutsche Neutra mufsten natürlich ihr Geschlecht wechseln; sie sind meist Masc. geworden; so fr. *leurre, feurre, roi, conroi, arroi, desroi, mall-public, roseau, abait, souhait, dehait, lot.*

B. Konjugation.

Alle deutschen Verba der fr. 3. Konj. auf *-ir* müssen aus dem Fränk. genommen sein, da das Ahd. nur auf *-an, -ên* und *-ôn* ausgehende Verba kennt, mit der einzigen Ausnahme derer auf *-rjan*, z. B. *nerjan.* Demgemäfs können wir mit Sicherheit aus den folgenden fr. Verben [-*ir*] auf frk. Formen *-jan* schliefsen: *choisir; croissir; fourbir; fournir;* (ahd. furban, frumman.) *estormir.* (ahd. sturman — frk. *sturmjan.) rostir, rôtir; (ahd. rôstan — frk. *raustjan.) *honnir; havir; gandir; bannir; éblouir; eschernir* (ahd. skernôn — frk. *skirnjan.) *salir; meurtrir; hadir, haïr; garnir; gastir; randir; lotir; s'avachir; aramir* — frk. *ad-chramjan. *marrir* kann indes sowohl ahd. wie frk.

Ursprungs sein. Ahd. marrjan. *tarir* dagegen mufs frk. sein. Ahd. derrjan — frk. *þarrjan. (Fr. anltd. Tenuis = frk. þ!) Andrerseits sind fr. Verba deutscher Abkunft auf *-er* entweder auf frk. oder ahd. Verba auf *-an, -ôn* und *-ên* zurückzuführen. Ahd. z. B. *emberguer; bloquer; craquer; guéder; griffer.* Frk.: *barder; bouter; enganer; eschirer; eschiter; esmaier; gager; galer; graver; gripper; gagner; rider; rober; suinter; tirer; trescher; tricher; horder.* Gleichwie *herberger* können einige von denselben jedoch aus den zugehörigen Subst. (*herberge*) von der fr. Sprache selbst gebildet sein.

2. Einige Folgerungen für die Lautchronologie der fr. Sprache.

1. Lat. *dj* in **radjum* wird zu *i* in *rai*, in *studium* aber zu *de: étude*. Im deutschen *gage* aus **wadj* dagegen zu *ge*. Lat. *dj* ferner ergiebt *i* in **in-odiare: ennoier, ennuir*, in *repudiare* aber *di: répudier*. Also ist *gage* weder von einem Verbalsbst. *gager* — **wadiare*, noch aus frk. **wadi* nach den Gesetzen der lat. Erb- oder Lehnwörter gebildet. Es mufste daher zur Zeit, als **wadi* in die fr. Sprache Eingang fand (im Laufe des VIII. Jhs. spätestens wegen des nicht umgelauteten *a*) lat. *dj* bereits zu *i* geworden oder auf dem Wege dahin gewesen sein, und frk. **wadi* konnte nur wie noch vorhandenes *dj* im Silbenanlaut (*dj*urnum — *jorn*) behandelt werden, welches zu *ǧ* wurde. Daher ist die Umbildung von lat. *di* (Vokal) zu *i* in die vorfränk. Zeit zu setzen.

2. Die Entwicklung von *ca* zu *che* mufs in der frankoromanischen Periode noch nicht vollendet gewesen sein, da zahlreiche fränk. Wörter sie gleich den lat. erfahren haben. Siehe S. 88.

3. In den Auslaut tretendes frk. *c* = *k* ist dagegen nicht zu *i* geworden, wie lat. *c: buc, bloc, crac*. Doch vgl. *-ric* in den Eigennamen auf *-ric*. S. S. 87.

4. Fr. *biẹre* die Bahre — **bẹra* beweist, dafs lat. *ẹ* erst in fränkischer Zeit zu *ie* wurde, da auch deutsches *ẹ* im obigen Belege sich der Diphthongierung nicht entzieht.

5. Betontes, freies frk. *a*, z. B. **sali*. ahd. *seli* = fr. *a* (*salle*) lehrt, dafs lat. betontes freies *a* schon zu *e* geworden war, als *salle* und andre Wörter mit betontem freiem frk. *a* eindrangen, also jedenfalls vor dem Jahre 800, um welche Zeit erst im Fränk. der *i*-Umlaut des *a* sich zu zeigen beginnt.[1])

3. Diejenigen fr. Wörter deutschen Ursprungs, die sich nicht durch besondre Merkmale als fränkische dokumentieren, sondern ihrem Lautstande nach ebensowohl ahd.
als frk. sein können.
(Vgl. Einleitg. z. III. Teile.)

I. Fr. a

a) fr. gedecktes a = germ. a vor mehrfacher Konson.:

Fr. *acre* ein Flächenmafs. got. *akrs*. ahd. *achar, accar* Acker; ein Längenmafs. frk. **accar*. Die Erweichung des *c* vor *r* hinter Vokalen hat in diesem Worte nicht stattgefunden. Vgl. lat. (*aigre* = acrem.)

Fr. *agace* Elster. ahd. *agalastrâ*. frk. **agalastrâ*. Vgl. wegen *ga*. fr. *garbe*. S. 96.

Fr. *balle* Kugel, runder Pack. ahd. *ballo, pallo* u. *ballâ, pallâ* Ball, Kugel. frk. **ballâ*.

Fr. *braque* Jagd-, Spürhund. ahd. *bracco* dass. frk. **bracco*.

Fr. *écran* Ofenschirm, Gitter. it. *scranna* Bank, Richterstuhl. ahd. *scrannâ* Tisch, Gerichtsbank. frk. **scrannâ*.

Fr. *estal* Stelle, Aufenthalt. ahd. *stal* Ort, Stall. frk. **stalla*. Davon noch fr. *étal* Kram; *étaler* auskramen. *étau* Fleischbude. *étalon* Zuchthengst.

Fr. *étangues* (Plur.) Zange. eigtl. etwas aus zwei Stangen bestehendes. it. *stanga* Stange, Riegel. ahd. *stanga*. frk. **stanga*.

Fr. *fauve* falb; blond. pr. *falb*. ahd. *falo* (fl. *falawêr*.) fahl. rk. **falo*. vgl. *sauf* — lat. *salvus* und fr. *sale* = deutsch. *salo*. — fr. *fauve* sieht aus wie ein Seitenstück zu *riche* = **rike* vgl. mit *Ferry* — Fréderic.

---

[1]) Ausnahmen: die 2. und 3. Pers. Sg. Prs. von *haïr*, afr.: *hes, het*, nfr. *hais, hait*. afr. Sbst.: *hé* Hass. nfr. *haine*. Die fr. n. pr.: *Eldré* — Aldradus. *Fourré* — Fulradus. *Hardré* — Hardradus.

Pr. und afr. *gambais*, afr. auch *wambais, wambaison, gambeson* den Oberleib bedeckendes Kleidungsstück, Wams. got. *vamba*. ahd. *wamba, wampa* venter. frk. *wamba. Daher mlt. *wambasium*. (mhd. *wambis, wammis* = Wams, Kleidungsstück unter dem Panzer, nhd. *wams* wider aus afr. *wambais*.) Die Endung *-ais* halten *Grimm* u. *Diez* für undeutsch, = lat. suff. *-aceus*; eher ist es = *-acem*. vgl. *pais* — pacem. aber *bones* = *bonacea.

Afr. *garbe* Getreidebündel, die Garbe. ahd. *garba, karba, carpa* dass. frk. *garba. nfr. *gerbe, gerber*. Da S. 88 gezeigt ist, dafs fränkische Wörter *ga* zu *ja* im fr. werden lassen, hier aber *ga* = *ga* bleibt, so dürfte ahd. Lautstufe mit fr. *ga* = dtsch. *ga* angezeigt sein.

Afr. *halle* festlicher Saal. ahd. as. *halla* Tempel, Halle. frk. *halla. nfr. *halle* Markthalle.

Fr. *hanse* Schar. got. ahd. *hansa* dass. frk. *hansa.

Afr. *hasple*, pic. *haple* Garnwinde. ahd. *haspil* die Haspel. frk. *haspila.

Fr. *hâte* Eile, *hâter* beschleunigen. afr. *haster* dass. adi. *hâtif*. Das Ahd. gewährt nur ein Adj. *heisti* vehemens. Das fr. Wort wohl nord. Ursprungs: an. *hastr* Eile. vb. *hasta* eilen.

Fr. *haterel* Nacken, Genick. afr. *hasterel*. Nach *Bugge* (*Rom.* IV, 360) identisch mit fr. *hâtereau*. Vgl. *Scheler* Anhang II. c. *haterel*. *hâtereau* gehört zu *haste* = ahd. *harsta* u. *harsti* frixura.

Afr. *garir, guarir* wehren, verteidigen — ahd. *warjan*, [*werjan, werren*] dass. frk. *warjan. vgl. *marrir*. afr. *gariter* befestigen.

Fr. *marque, marche* Zeichen, Grenze. afr. auch *merc* Zeichen, Mafs. *marquis* Markgraf. ahd. *marca, marcha*. frk. *marca. got. *marka* Grenze, Grenzgebiet.

Afr. *merc* gehört zu ahd. mhd. *marc* Zeichen, Bedeutung, Gewicht.

Fr. *latte* flache hölzerne Stange. ahd. *latta, lata* dass. frk. *latta.

Fr. *maréchal* Hufschmied. ahd. *marahscalh* eigtl. Pferdeknecht. frk. * *marahscalc*.

Afr. *marrir* sich verirren. ahd. *marrjan, marran, merran* aufhalten, behindern. got. *marzjan σκανδαλίζειν*. frk. **marrjan* afr. zsgs. *esmarrir*. fr. *amarrer* ein Schiff festbinden. *amarre* das Tau dazu.

Fr. *sénéchal* Oberhofmeister. ahd. **siniscalh* famulorum senior. mlt. *seniscalcus*. frk. **seniscalc*.

Afr. *talmasche* Maske, Larve. vb. *entalemaschier* entstellen. ahd. *talamasca, dalamasca* Larva, Monstrum. fr. **talamasca*. mlt. *talamasca* larva daemonis.

Afr. *waschier*, fr. *gâcher* rudern, rühren. *gâche* Rührstock. ahd. *waskan, wasgan* waschen. frk. **waskan*.

b) Fr. a = freiem dtsch. a

afr. *flaon, flan* Honigwabe. it. *fiadone*. ahd. *flado* fladen, breiter und dünner Kuchen. frk. **flado*.

Fr. *gai* munter, lebhaft, bunt. ahd. *gâhi, kâhi* schnell, jähe. frk. **gâhi* wegen *ga* vgl. *garbe*. — Dasselbe Etymon hat *geai* der Häher eigtl. der Bunte. Anlautendes fr. *ge-* = dtsch. *ga* läfst wohl auf frühere Aufnahme dieses Wortes (aus dem Fränk.) schliefsen. S. Konsonantismus. S. 88.

Fr. *garer* achthaben. *égarer* irre führen. afr. *esgaré* verirrt, betrübt. ahd. **warôn* (nur in *bewarôn*) beachten, achten auf. frk. **warôn*.

Fr. *gazon* Rasen. ahd. *waso* feuchter Erdgrund, Rasen. frk. **waso*.

Afr. *gonfanon*. nfr. *gonfalon* Kriegsfahne. ahd. *gundfano* dass. frk. **gundfano*. fr. *fanon* Lappen, Handtuch; Binde am Arme des Priesters. ahd. *fano, vano* Tuch; Fahne. got. *fana*. frk. **fano*.

Afr. *harer, harier* aufreizen, drängen. afr. *haraler* beunruhigen. Sbst. *harele* Aufstand, Empörung. ahd. *harên* rufen, schreien. ahd. *haro* Rufer, Schreier (in *foraharo* Ausrufer.) frk. **harôn, *haro*.

Fr. *hase* Weibchen des Hasen. ahd. *haso*. m. frk. **hasa*. fem?

Afr. *mall[-public]* öffentliche Rechtsversammlung. Ahd. *mahal* Gerichtsstätte. mlt. *mallum* dass. got. *mapl* contio. *frk. *madal*. (Häufig als 1. Kompositionsglied in frk. Eigennamen, z. B. fr. *Maudebert* — Madalbert. In einigen Namen ist der intervok. Dental ausgestofsen: *Mallebodus*.)

Fr. *malle* Felleisen. ahd. *malaha, maleha* Ledertasche Mantelsack. frk. **malacha,* **malaha.*

Fr. *cauchemar* incubus. mhd. *mar* dass. ahd. *mar, maro, mara?* frk. **maro.* henneg. *cauquemar* u. entstellt *coquenoir.* (*caucher* = it. *calcare* pressen.)

Fr. *sale* trübe, schmutzig. ahd. *salo* (fl. *salawêr*) fuscus, ater. got. **salvs.* frk. **salo.* fr. vb. *salir* — frk. *salawjan got. bi-*sauljan* beflecken oder Neubildung aus dem fr.? vgl. fr. *fauve* (aus der flektierten Form *falawêr* gebildet) und it. *salávo.*

c) **Fr. a = dtsch. i + Nas. + Kons.**

Fr. *rang* Reihe. pr. *renc.* fr. vb. *ranger* in die Reihe stellen. ahd. *hring, rinc* Ring oder Reif jeder Art. frk. **hring.* Davon fr. *arranger. harangue, haranguer.*

II. a) Fr. e = gedecktem dtsch. e

fr. *épeler* buchstabieren. afr. *espeler* sagen, bedeuten. ahd. *spellôn* erzählen. frk. **spellôn.*

Afr. *gleton, gletteron;* nfr. *glouteron* Klette. ahd. *chlettá* und *cletto.* frk. **cletto.* Vgl. lat. (*glaire* = clarea.).

Fr. *heaume* Helm. ahd. *helm.* frk. **helm,* got. *hilms.* afr. *helme.* e blieb also wie lat. gedecktes *e* unverändert. Erst später *hiaume, heaume.* Vgl. *bial* — bellus, womit es Diez schon zusammenstellt. Diese Formen *ial, eal* sind daher nicht, wie *Neumann* „Germ. Elemente" möchte, auf die an. Form *hialmr* zurückzuführen. Vgl. die fr. Namen: *Alelme, Aliaume* — *Alhelmo. *Anselme, Antelme..*

b) **Fr. e = freiem dtsch. e:** (s. o. fr. *freies e = freiem frk. e.*)

afr. *isnel* flink. ahd. *snel* dass. (fl. *snellêr, sneller.*) frk. **snel,* **snell?*

c) **Fr. e = dtsch. i vor Doppelkons. und einfachem Nasal.**

Afr. *eschern* Spott. ahd. *scern* Scherz, Spott. frk. **skirn.* ahd. *scirno* scurra, jocularis. afr. vb. *eschernir, escharnir* entweder vom frk. *scirnjôn = ahd. *skirnôn, scernôn* Spott treiben oder Neubildung aus dem Fr.

Afr. *fel, felon;* nfr. *felon* Schurke. ahd. *fillo aus vb. *fillan* die Haut abziehen, peinigen. (afr. Adj. *fel* = grausam.) frk. **fillo.* Davon *felonie* Lehensfrevel.

Fr. *guerre* Krieg. ahd. *werra* Verwirrung, Streit. frk. **wirra.*
Abgel. fr. *guerrier* Krieger.

Afr. *guerredon, guerdon* Vergeltung. ahd. *widarlôn* retributio. frk. **widarlaun.* Deutsches *l* zu *d*; (verführt durch lat. *dônum.*) mlt. *widerdonum.*

Fr. *laiche* (für *lêche*) Riedgras. ahd. *lisca* dass. frk. **lisca.* Dasselbe deutsche Etymon hat fr. *lêche* (nicht *laiche* geschr.) feine Schnitte v. etwas. Vgl. Diez, et. Wb. I. " 194.

Fr. *leste* flink, gewandt. ahd. *listig, listic* klug, schlau. frk. **listig.*

Afr. *renge* Gürtel, den Degen hineinzustecken. ahd. *hringa* Schnalle. frk. **hringa.*

Afr. *sen* sensus. ahd. *sin* mens, sensus. Davon Afr. *sené* mit Verstand begabt. nfr. *forcené* unsinnig. frk. **sin.*

d) Fr. e = dtsch. ê:

Afr. *gueron* zsgz. *gron* Schofs, Schleppe. In der Wappenkunst = Dreieck. fr. *giron.* ahd. *gêro, kêro* eingesetztes keilförmiges Stück im Kleide. frk. **gêro.*

III. a) Fr. i = dtsch. ï vor Doppelkonsonanz.

Afr. *guimple* nfr. *guimpe* Kopfschmuck der Frauen; Fähnchen der Lanze. ahd. *wimpal* Kopfputz, Fähnlein. frk. **wimpal.*

Fr. *nique* spöttisches Nicken. (Nur in der Redensart *faire la nique.*) Von einem zum ahd. vb. *nicchen* — frk. **niccan* gehörigen Sbst. **nick* gebildet. Wäre das Wort aus dem Altfränk. eingeführt, würde es **niche* ergeben haben. Ein fr. *niche* Schalkheit ist vorhanden, jedoch anderen Ursprungs. Vielleicht zum Md. *necken* necken, plagen.

b) = dtsch. ï vor einfacher Konsonanz.

Fr. *échine* Rückgrat. ahd. *skina* Nadel, Stachel. frk. **skina.*

Fr. *quille* Kiel des Schiffes. afr. *quille* Kegel. Vielleicht zwei verschiedene Worte; ersteres — ahd. *kiol* Kiel, letzteres vom ahd. *kigil, kegil.* frk. **kigil.*

c) = dtsch. î

Fr. *arriser* fallen lassen. ahd. *urrîsan, arrisan* aufstehen; zusammenfallen. frk. *arrîsan.

Afr. *estrif* Kampf. *estriver* kämpfen. ahd. *strît, strîtan*. frk. *strîd, *estrîdan.

Afr. *gris* grau. afr. Sbst. *gris* Grauwerk. fr. *grisette* urspr. grauer Stoff. ahd. *grîs* grau. frk. *gris.

Fr. *guise* Art und Weise. ahd. *wîsa* dass. frk. *wîsa. fr. comp. *déguiser* entstellen.

Fr. *liste* Streif, Borte. ahd. *listâ* Leiste, Saum. frk. *listâ. Dazu fr. *lister* bordieren. *lisière* (für *listière*) Saum.

Fr. *rime* Reim. ahd. *rîm* numerus, series. frk. *rîma. Dazu fr. *arrimer* schichten.

IV. Fr. o

a) fr. ǫ (ou) = dtsch. ŭ vor mehrfacher Kons.; = dtsch. ǫ vor einfacher Kons. und = dtsch. ou, resp. frk. au.

Fr. *brosse* borstiges Gestrüpp, Heidekraut, auch Bürste. afr. auch *broce*. ahd. *burst, purst* Borste, Kamm. frk. *burst. afr. *broust* Weide, Blätterabfall. vb. *brouter = broûter*. fr. *rebours* Gegenstrich. *rebourser, rebrousser* gegen den Strich, gegen die Borste eines Tieres fahren.

Afr. *bou* Armring. ahd. *boug, poug, pouc* Ring für Haupt, Hals oder Arm. frk. *baug.

Afr. *houle* Bordell, *holier, houlier* Besucher dess. afr. *holerie*. ahd. *holi*. frk. *holi. nhd. *Höhle*.

b) Fr. ǫ, nfr. ou = dtsch. ŭ und o.

Fr. *bourgeon* Knospe; von einem zu dem ahd. vb. *purjan, burren, buren* erheben, in die Höhe heben (frk. *burjan) gehörigen Sbst. *burjo.

Fr. *écore* jähe Stelle am Meeresufer. Wohl eher vom ags. *score* Ufer. engl. *shore*, als vom ahd. *scorrâ* oder *scorro* praeruptum montis, scopulus. frk. *scorâ.

Afr. *esporon* Sporn. nfr. *éperon*. ahd. *sporo*. frk. *spuro.

Afr. *esprohon* Star. henneg. *eproon*. ahd. *sprâ*. frk. *sprô.

Afr. [*estorn*] *estor* Aufruhr, Angriff. ahd. *sturm*. frk. *sturm. afr. vb. *estormir* in' Bewegung geraten. ahd. *sturman*.

frk. *sturmjan. Das afr. vb. entweder von dem fränk. *sturmjan oder Neubildung aus dem Fr. Vgl. salir.

Afr. folc, fouc Herde, Heer. ahd. folc. frk. *fulc.

Fr. grouiller krabbeln, sich regen. ahd. grubilôn, crupilôn graben; grübeln; jucken. frk. *grubilôn.

c) Fr. ué = dtsch. o vor einfacher Konsonanz: Afr. hose, heuse; hoese (Rol. 641.) Gamasche. nfr. houseau. ahd. hosâ Beinbekleidung. frk. *hosâ. afr. hoser, heuser mit e. Gamasche bekleiden.

Afr. orgoel, orguel, orgoill, orguil; nfr. orgueil Stolz, Übermut. ahd. *urguoli zum Adj. urguol insignis. frk. *urgôli.

V. Fr. u
a) = dtsch. û

afr. buron Hütte. ahd. bûr, pûr Wohnung, Haus. frk. *bûro.

Afr. cusche adi. zu folgern aus d. Adv. cuschement (Pass. Chr.) geziemend, ehrerbietig. ahd. adi. chûski, chûschi enthaltsam, sittsam. frk. *cúski.

Fr. écume Schaum. ahd. scûm. frk. *scûma.

b) = dtsch. ŭ vor einfacher Konsonanz.

Fr. esturgeon Stör. ahd. sturjo, sturo. frk. *sturjo. s. fr. hutte, hutter (ahd.) S. 61.

VI. a) Fr. oi (afr. ei) = dtsch. I + Kons.

Afr. berfroi, beffroit Wachtturm. fr. beffroi. mhd. bercfrit, berchfrit, perfrit. mlt. berfredus, belfredus. frk. *bergfrid.

Afr. esteil (ein seltenes Wort.) Pfahl. ahd. stichil Stachel zu stechen. frk. *stikil. lat. c'l zu il (vgl. travail = *trabac'lum.).

b) = dtsch. û + i in der folgenden Silbe:

fr. bois Holz. Von der zu ahd. busc, bosc Busch gehörigen Adi.-Form ahd. *bûwisc, *bûisc Holz, Baumaterial. frk. *bûwisc, mlt. buscus, boscus. Daher fr. bosquet. bocage, bouquet.

VII. Fr. ai
a) = dtsch. a + einfachem Nasal.

Afr. gram, graim betrübt. Sbst. graigne Kummer. ahd. gram zornig, unmutig. frk. *gram. fr. vb. gramoier.

b) = dtsch. a + Dental. (d) s. S. 84: Aïmer.
Fr. *haillon* Lumpen. mhd. *hader* u. *hadel* Lumpen, Lappen; später auch ‚Streit'. ahd. *hadarâ, haderâ*. frk. *hadarâ, *hadalâ?

VIII. Fr. ie

a) = dtsch. a vor r + i:

Fr. *épervier* Sperber. ahd. *sparwâri*. frk. *spariwâri.

b) = dtsch. freiem betontem ĕ:

fr. *épier* spähen. ahd. *spehôn*. frk. *spehôn. afr. *espie* exploratio. Dazu fr. *espion* Spion. *espionnage, espionner*.

Afr. *eschiele* Schelle, Glöckchen. ahd. *scellâ* dass. frk. *skellâ.

Afr. *espier* Spiefs. ahd. *sper*. frk. *spere, *sper. Vgl. jedoch Anhang zu *Dies*, et. Wb. p. 761. Suchier hält es nicht für ein besonderes Wort, sondern mit der Form *espiel* identisch = afr. *espieu* = frk. *speut.

Register.
(Die Zahlen bezeichnen die Seite.)

Die fr. Wörter ahd. Ursprungs.
afre, affreux 61.
agrafe 61.

bloc, bloquer 61.
brelan, -der 61.
buc 62.

crac, craquer 61.

danser 60.
drille 61.

écale 61.
elin 60.
emberguer 61.
escavi 60.
esclate 60.
esclo 61.
estrac 61.

grif, griffer 61.
guéder 62.

halt 62.
hampe 62.
happe, happer 65.
herberc, herbergier 60.
héraut 60.
hutte, hutter 61.
houe, hoyeau 61.

race 61.
renard, renardie 60.

saisir 62.

trébucher 62.

Die fr. Wörter frk. Ursprungs.
abait, ambassade 84.
alleu 77.
aramir 68.
arban, arrière-ban 65.
auberge 64.
avachir 72.

balcon 65.
ban, bannir 65.
banche 65.
bande 65.
barde, barder 64.
balt, baud 65.
baudré, esbaudré 68.
bedeau 73.
ber, baron 74.
bière 85.
blanc, blanche 65.
blindes, blinder 75.
bloi, blou, bleu 80.
borde, bordele 78.
bourg, bourgeois 78.
bout, -er 79.
brant, branc 66.
brèche 73.
bridel, bride 76.
brout 77.
bru 81. brun 80.
brunie, broigne 82.

chambrelain 66.
choisir, choix 82.
crampon, crampi 66.
croissir 82.

drageon 72. drap 66.
drasche 68.
drut, drue 80.

éblouir 80.
écaille 66.
écot 78.
écurie 81.
enganer 67.
épeiche 73.
eschipre 75.
esclier 76.
escharir, eschière 85.
eschirer, déchirer 75.
eschiter 76.
eschiu, eschiver 86.
esmaier 84.
épois; espoit 81.
espiet, espié 85.
estout 76.
étamper 66.
étuve (nicht germ.) 81.

faide 83.
falaise 70.
fange 66.
faude 66. faude 69.
fauteuil 77.
feu, fié 86.
feurre, fourrage etc. 77.
feutre, fautrer 73.
floi, flou 80.
fourbir 77.
fournir 77.
fradous 72.
framboise 81.
franc, franche 65.
frès, frais 73.

gage, gager 67.
gagner 71.
gaide, waide, guède 83.
gaie 83.
gaïn, regain 83.
gaite, guet, echauguette 84.
gale, galer, galon 72.

galop, -er 79.
gandir 69.
gante 67.
garde, garder 67.
garnir 67.
garoul, loup-garou 78.
gastir, gâter 67.
gauche 69.
gaule 85.
gazaille 66.
geai 97.
gehir 74.
gelde, gueude 73.
glisser 76.
goi (in zsstzg.) 77.
gorre, gourrin 80.
grappin 68.
gratter, gratin 67.
graver 70.
grèche, crèche 74.
gripper 76.
gruel, gruau 81.
gualt, gaudine 69.
guide, guider 75.
guinder, guindre 75.
guiper, guipure 76.

hache, hacher 65.
hadir, hé, haine 70.
haie, hayer 84.
hait, dehait, souhait 83.
hallier 69.
ham, hameau 72.
hardi, -er 65. 69.
halberc, haubert 69.
haschière 85.
haver 70. havir 72.
helt, heut, enheud -er, -ir 74.
herde, herdier 74.
héron 83.
honnir, honte 79.
horde 78. huvet 81.

if 73.
isanbrun 76.

jardin 67.
jatte 67.

laid, laidenge 83.
laie 83.
lecher, lecheor 73.
leurre, leurrer 77.
lisse 76.
loge, loger 79.
lot, -ir 79.

mainbour, -nie 78.
meurdre, meutrir 78.
mies, miez 85.
mite 76.
morne 78.

rain 83.
raise, rèse 83.
ranc 71.
randir, randon 68.
ribaud, -e 76.
riber 76.
riche 76.
ride, rideau 75.
robe, rober, dérober 79.
rochet 76.
roi, arroi, conroi 82.
roseau 79.
rostir, rôtir 80.

safre 69.
salle 71.
soin, besoin 82.
suinter 75.

tache, tasse 68.
taisson 83.
tarir 69.
tette, teton 74.
tiois 86.
tirer 75.
toucher 78.
tourbe 78.
tresche, trescher 73.
tricher 75.

wai, ouais 83.

Die fr. Wörter, deren frk. Ursprung wahrscheinlich, aber nicht beweisbar ist.

acre 95.
agace 95.
arriser 100.

balle 95.
beffroi 101.
bois 101.
bon 100.
bourgeon 100.
braque 95.
brosse, rebrousser 100.
buron 101.

cauchemar 98.
cuschement 101.

déguiser 100.

échine 99.
écore 100.
écran 95.
écume 101.
épier 102.
épeler 98.
éperon 100.
épervier 102.
eschern, -ir 98.
eschiele 102.
espier 102.
esprohon 100.
esteil 101.
estor, -mir 100.
estrif 100.
esturgeon 101.
étangues 95.
étau, étaler 95.

fanon 97.
fauve 95.
fel, felon, félonie 98.
flaon 97.
folc, fouc 101.

gai 97.
gambais 96.

garbe, gerbe 96.
garer, égaré 97.
garir 96.
gazon 97.
gleton, glouteron 98.
gonfanon 97.
graim 101.
gris, -ette 100.
grouiller 101.
gueron 99.
guerre, guerrier 99.
guerredon 99.
guimple 99.
guise 100.

haillon 102.
halle 96.
hanse 96.
harer, haraler 97.
hase 97. hasple 96.
haterel 96. hâte 96.
heaume 98.
hose, heuser 101.
houle 100.

isnel 98.

laîche; lêche 99.
latte 96.
leste 99.
liste, lister 100.

mall[-public] 97.
malle 98.
maréchal 96. marrir 97.
marche, marque, marquis. 96.
merc 96.

nique 99.

orgueil 101.

quille 99.

rang, -er, harangue 98.
renge 99.
rime, arrimer 100.

sale, salir 98.
sen, sené, forcené 99.
sénéchal 97.

talmasche 97.

waschier, gâcher 97.

www.ingramcontent.com/pod-product-compliance
Lightning Source LLC
Chambersburg PA
CBHW020149170426
43199CB00010B/961